株式会社の取引

株式会社関東商事の次の取引について仕訳を示しなさい。ただし，勘定科　　　　　　　　　　　　の を選び，記号で答えなさい。なお，一つの仕訳につき，二回以上同じ勘定科目

1．1株当たり¥20,000で150株の株式を発行し，合計¥3,000,000の払込みを　　　　　　　した。払込金はすべて普通預金口座に預け入れられた。

ア．現金　イ．当座預金　ウ．普通預金　エ．資本金　オ．利益準備金　カ．繰越利益剰余金

2．新たに株式200株を1株当たり¥5,000で発行し，株主からの払込金が全額当座預金口座に振り込まれた。なお，払込価額は全額資本金とした。

ア．現金　イ．当座預金　ウ．普通預金　エ．資本金　オ．利益準備金　カ．繰越利益剰余金

3．株主総会で繰越利益剰余金¥900,000の一部を次のとおり処分することが承認された。

株主配当金　¥400,000　　利益準備金の積立て　¥ 40,000

ア．現金　イ．当座預金　ウ．未払配当金　エ．資本金　オ．利益準備金　カ．繰越利益剰余金

4．株主総会で決議した配当金¥500,000について，本日当座預金口座から支払いを行った。

ア．現金　イ．当座預金　ウ．普通預金　エ．未払配当金　オ．利益準備金　カ．繰越利益剰余金

5．決算にあたり，当期純利益¥710,000を計上した。

ア．現金　イ．当座預金　ウ．資本金　エ．利益準備金　オ．繰越利益剰余金　カ．損益

6．決算にあたり，当期純損失¥190,000を計上した。

ア．現金　イ．当座預金　ウ．資本金　エ．利益準備金　オ．繰越利益剰余金　カ．損益

7．決算日における収益と費用の総額は次のとおりであった。よって，当期純利益もしくは当期純損失を計上する。

収益総額　¥2,526,000　　費用総額　¥1,922,000

ア．現金　イ．当座預金　ウ．資本金　エ．利益準備金　オ．繰越利益剰余金　カ．損益

	借方科目	金額	貸方科目	金額
1				
2				
3				
4				
5				
6				
7				

Hint!

現金預金に関する取引

次の取引の仕訳を示しなさい。ただし，勘定科目は選択肢の中から最も適当なものを選び，記号で答えなさい。なお，一つの仕訳につき，二回以上同じ勘定科目を使用しないこと。

1．月末に金庫を実査したところ，紙幣￥120,000，硬貨￥6,800，得意先振出しの小切手￥16,000，約束手形￥18,000，郵便切手￥1,600が保管されていたが，現金出納帳の残高は￥140,000であった。不一致の原因を調べたが原因は判明しなかったので，現金過不足勘定で処理することにした。

ア．現金　イ．当座預金　ウ．受取手形　エ．雑益　オ．雑損　カ．現金過不足

2．現金の帳簿残高が実際有高より￥30,000少なかったので現金過不足として処理していたが，決算日において，受取手数料￥96,000を誤って￥69,000と記入していたことが判明した。残額は原因が不明であったので，雑益または雑損として処理する。

ア．現金　イ．受取手数料　ウ．受取利息　エ．雑益　オ．雑損　カ．現金過不足

3．決算日において，過日借方に計上していた現金過不足￥23,000の原因を改めて調査した結果，旅費交通費￥50,000，受取手数料￥28,000の記入漏れが判明した。残額は雑益または雑損として処理する。

ア．現金　イ．受取手数料　ウ．雑益　エ．旅費交通費　オ．雑損　カ．現金過不足

4．普通預金口座に利息￥250が入金された。

ア．現金　イ．普通預金　ウ．当座預金　エ．受取手数料　オ．受取利息　カ．支払利息

5．営業活動に使用している携帯電話の５月分の料金￥7,000が普通預金口座から引き落とされた。

ア．現金　イ．普通預金　ウ．当座預金　エ．旅費交通費　オ．通信費　カ．雑費

6．当座預金口座を開設し，普通預金口座から￥600,000を預け入れた。また，口座開設と同時に当座借越契約（限度額￥2,000,000）を締結し，その担保として普通預金口座から￥2,400,000を定期預金口座へ預け入れた。

ア．現金　イ．当座預金　ウ．普通預金　エ．定期預金　オ．当座借越　カ．支払手数料

7．銀行で当座預金口座を開設し，￥4,000,000を普通預金口座からの振替えにより当座預金口座に入金した。また，小切手帳の交付を受け，手数料として￥2,200を現金で支払った。

ア．現金　イ．当座預金　ウ．普通預金　エ．受取手数料　オ．支払手数料　カ．支払利息

8．甲銀行と乙銀行それぞれに当座預金口座を開設し，現金￥300,000ずつ各口座に預け入れた。ただし，管理のために口座ごとに勘定を設定することとした。

ア．現金　イ．当座預金甲銀行　ウ．当座預金乙銀行　エ．受取手数料　オ．支払手数料　カ．支払利息

9．Ａ銀行の普通預金口座からＢ銀行の普通預金口座に￥900,000を送金した。

ア．現金　イ．普通預金Ａ銀行　ウ．普通預金Ｂ銀行　エ．受取利息　オ．支払手数料　カ．支払利息

10．茨城商店から商品￥400,000を仕入れ，代金は小切手を振り出して支払った。なお，銀行と当座借越契約（借越限度額￥500,000）を結んでおり，現在の当座預金残高は￥350,000であった。当社は，決算整理で当座借越額を負債に振り替える処理をしている。

ア．現金　イ．当座預金　ウ．当座借越　エ．仕入　オ．支払手数料　カ．支払利息

11．決算にあたり，Ａ銀行の当座預金口座が当座借越￥61,000の状態となっているので，適切な勘定に振り替える。ただし，当社は複数の金融機関を利用しており，他の銀行にも当座預金口座を開設しているため，口座ごとに勘定を設定している。なお，当社は当座借越勘定を用いていない。

ア．当座預金Ａ銀行　イ．立替金　ウ．借入金　エ．未払金　オ．支払手数料　カ．支払利息

12．定額資金前渡法を採用し，４月分の小口現金￥50,000を，小切手を振り出して用度係に渡した。

ア．現金　イ．小口現金　ウ．当座預金　エ．前払金　オ．資本金　カ．現金過不足

13．用度係から４月中の支払明細について次のとおり報告があり，ただちに小切手を振り出して支払った。

旅費交通費　￥3,000　　消耗品費　￥2,000　　雑費　￥1,000

ア．現金　イ．当座預金　ウ．通信費　エ．旅費交通費　オ．消耗品費　カ．雑費

14．小口現金係から，以下のように支払いの報告を受けたため，ただちに小切手を振り出して資金を補給した。なお，当社では定額資金前渡制度により，毎週月曜日に前週の支払報告を受け，資金を補給している。

切手代　￥26,000　　電車代　￥11,000　　タクシー代　￥6,000　　クリーニング代　￥4,000

ア．現金　イ．当座預金　ウ．通信費　エ．旅費交通費　オ．消耗品費　カ．雑費

Hint!

	借　方　科　目	金　額	貸　方　科　目	金　額
1				
2				
3				
4				
5				
6				
7				
8				
9				
10				
11				
12				
13				
14				

商品売買，商品売買に関する債権・債務の取引

次の取引の仕訳を示しなさい。ただし，勘定科目は選択肢の中から最も適当なものを選び，記号で答えなさい。なお，一つの仕訳につき，二回以上同じ勘定科目を使用しないこと。

1．岩手商店に商品￥180,000を売り上げ，代金は掛けとした。なお，商品の発送費（当社負担）￥9,000を現金で支払った。

ア．現金　イ．売掛金　ウ．買掛金　エ．売上　オ．仕入　カ．発送費

2．宮城商店から商品￥300,000を仕入れ，代金は掛けとした。なお，商品の引取運賃￥5,000は着払い（当社負担）となっているため運送業者に現金で支払った。

ア．現金　イ．売掛金　ウ．買掛金　エ．売上　オ．仕入　カ．発送費

3．かねて販売した商品￥230,000が品違いによる返品を受けたため，掛代金から差し引くこととした。

ア．現金　イ．売掛金　ウ．繰越商品　エ．買掛金　オ．売上　カ．仕入

4．北海道商店より仕入れた商品のうち90個（@￥2,500）について，品違いのため返品した。なお，この金額は，掛代金から差し引くこととした。

ア．現金　イ．売掛金　ウ．繰越商品　エ．買掛金　オ．売上　カ．仕入

5．販売用の鉛筆，ボールペン，ノートを合わせて￥450,000購入し，代金は掛けとした。なお，当社は文房具卸売業を営んでいる。

ア．売掛金　イ．貯蔵品　ウ．買掛金　エ．未払金　オ．仕入　カ．消耗品費

6．販売目的の中古自動車を￥1,800,000で売却し，発送費￥14,000を加えた合計額を後日受け取ることとした。また，同時に発送費￥14,000を配送業者に現金で支払った。なお，当社は自動車販売業を営んでいる。

ア．現金　イ．売掛金　ウ．車両運搬具　エ．未収入金　オ．売上　カ．発送費

7．以前注文をうけていた商品￥1,000,000を引き渡し，受注したときに手付金として受け取っていた￥400,000を差し引いた金額を掛けとした。

ア．現金　イ．売掛金　ウ．前払金　エ．前受金　オ．売上　カ．受取手数料

8．仕入先秋田商店から商品￥680,000を仕入れ，代金については注文時に支払った手付金￥70,000と相殺し，残額を掛けとした。なお，商品の引取運賃￥15,000は現金で支払った。

ア．現金　イ．前払金　ウ．買掛金　エ．前受金　オ．仕入　カ．発送費

9．得意先山形商店に商品￥172,000（原価￥108,000）を販売し，代金のうち￥36,000は注文時に受け取った手付金と相殺し，残額は送料の￥8,000を加えて月末の受取りとした。また，同時に配送業者に商品を引き渡し，送料￥8,000は後日支払うこととした。

ア．現金　イ．売掛金　ウ．未払金　エ．前受金　オ．売上　カ．発送費

10．顧客に商品￥50,000を売り渡し，代金のうち￥20,000はA店発行の全国百貨店共通商品券，￥10,000はB店発行の共通商品券で受け取り，残額は掛けとした。

ア．現金　イ．当座預金　ウ．売掛金　エ．受取商品券　オ．売上　カ．支払手数料

11．商品￥90,000をクレジット払いの条件で販売した。なお，信販会社へのクレジット手数料（販売代金の２％）を販売時に認識する。

ア．現金　イ．売掛金　ウ．クレジット売掛金　エ．売上　オ．支払利息　カ．支払手数料

12．本日，千葉商店に対する買掛金￥60,000および売掛金￥40,000の決済日につき，千葉商店の承諾を得て両者を相殺処理するとともに，買掛金の超過分￥20,000は小切手を振り出して支払った。

ア．当座預金　イ．売掛金　ウ．買掛金　エ．支払利息　オ．貸倒損失　カ．雑損

13．得意先から先月締めの掛代金￥360,000の回収として，振込手数料￥800（当社負担）を差し引かれた残額が当社の当座預金口座に振り込まれた。

ア．現金　イ．当座預金　ウ．売掛金　エ．買掛金　オ．支払手数料　カ．支払利息

14．埼玉商事株式会社から売掛金￥280,000の決済として，同社振り出しの約束手形を受け取った。

ア．現金　イ．当座預金　ウ．受取手形　エ．売掛金　オ．支払手形　カ．買掛金

	借　方　科　目	金　額	貸　方　科　目	金　額
1				
2				
3				
4				
5				
6				
7				
8				
9				
10				
11				
12				
13				
14				

15. 買掛金の支払いとして¥400,000の約束手形を振り出し，仕入先に対して郵送した。なお，郵送代金¥620は現金で支払った。

ア．現金　イ．受取手形　ウ．支払手形　エ．買掛金　オ．発送費　カ．通信費

16. 取引銀行から，福島商会振出しの約束手形¥180,000が決済され，当社の当座預金口座に入金された旨の通知があった。

ア．現金　イ．当座預金　ウ．受取手形　エ．売掛金　オ．支払手形　カ　受取利息

17. クレジット売掛金¥700,000が当座預金口座に振り込まれた。

ア．現金　イ．当座預金　ウ．売掛金　エ．クレジット売掛金　オ．売上　カ．受取手数料

18. かねて，青森商店に商品¥620,000をクレジット払いの条件で販売し，信販会社への手数料（販売代金の３％）を計上していたが，本日，信販会社から手数料を差し引いた販売代金が当社の当座預金口座に振り込まれた。

ア．現金　イ．当座預金　ウ．売掛金　エ．クレジット売掛金　オ．売上　カ．支払手数料

19. 当社は，栃木商店に対する売掛金¥300,000について，電子債権記録機関に債権の発生記録の請求を行った。

ア．現金　イ．電子記録債権　ウ．売掛金　エ．クレジット売掛金　オ．電子記録債務　カ．売上

20. 当社は，新潟商店に対する買掛金¥500,000について，取引銀行を通じて電子記録債務の発生記録の通知を受け，これを承諾した。

ア．現金　イ．電子記録債権　ウ．クレジット売掛金　エ．電子記録債務　オ．買掛金　カ．仕入

21. 電子記録債権¥340,000が決済され，山梨銀行の当座預金口座に振り込まれた。

ア．現金　イ．当座預金山梨銀行　ウ．電子記録債権　エ．売掛金　オ．電子記録債務　カ．支払利息

22. 電子記録債務¥190,000が普通預金口座から支払われた。

ア．現金　イ．普通預金　ウ．電子記録債権　エ．電子記録債務　オ．買掛金　カ．支払利息

23. 得意先北東商店の倒産により，同店に対する売掛金（前期販売分）¥310,000が貸倒れとなった。なお，貸倒引当金の残高は¥70,000である。

ア．当座預金　イ．売掛金　ウ．貸倒引当金　エ．貸倒損失　オ．雑損　カ．損益

24. 東南商店に対する売掛金¥150,000（前期販売分）について，本日，¥80,000を現金で回収し，残額については貸倒れとして処理した。なお，貸倒引当金の残高は¥100,000である。

ア．現金　イ．売掛金　ウ．貸倒引当金　エ．貸倒損失　オ．雑損　カ．損益

25. 得意先が倒産し，売掛金¥900,000（当期販売分）のうち¥300,000は，かねて注文を受けたさいに受け取っていた手付金と相殺し，残額は貸倒れとして処理した。

ア．売掛金　イ．前払金　ウ．前受金　エ．貸倒引当金　オ．貸倒損失　カ．雑損

26. 昨年度に得意先が倒産し，そのさいに売掛金¥900,000の貸倒れ処理を行っていたが，本日，得意先の清算にともない¥170,000の分配を受け，同額が普通預金口座へ振り込まれた。

ア．普通預金　イ．売掛金　ウ．貸倒引当金　エ．貸倒損失　オ．貸倒引当金戻入　カ．償却債権取立益

27. 南西商店に対する売掛金¥280,000（当期販売分）について，貸倒れとして処理した。なお，貸倒引当金の残高は¥100,000である。

ア．現金　イ．売掛金　ウ．貸倒引当金　エ．貸倒損失　オ．雑損　カ．損益

28. 決算にあたり，受取手形と売掛金の期末残高に対して実績率により１％の貸倒引当金を差額補充法により設定する。なお，貸倒引当金の残高は¥2,000である。

受取手形　¥320,000　　売掛金　¥460,000

ア．受取手形　イ．売掛金　ウ．貸倒引当金　エ．貸倒引当金戻入　オ．貸倒引当金繰入　カ．貸倒損失

	借　方　科　目	金　額	貸　方　科　目	金　額
15				
16				
17				
18				
19				
20				
21				
22				
23				
24				
25				
26				
27				
28				

その他の債権・債務に関する取引

次の取引の仕訳を示しなさい。ただし，勘定科目は選択肢の中から最も適当なものを選び，記号で答えなさい。なお，一つの仕訳につき，二回以上同じ勘定科目を使用しないこと。

1．得意先静岡商店に期間９か月，年利率2.4％で￥300,000を借用証書にて貸し付けていたが，本日満期日のため利息とともに同店振出しの小切手で返済を受けたので，ただちに当座預金に預け入れた。

ア．現金　イ．当座預金　ウ．貸付金　エ．受取利息　オ．支払手数料　カ．支払利息

2．取引銀行から借り入れていた￥2,920,000の支払期日が到来したため，元利合計を当座預金口座から返済した。なお，借入れにともなう利率は年2.0％であり，借入期間は120日であった。利息は１年を365日として日割計算する。

ア．当座預金　イ．普通預金　ウ．借入金　エ．受取利息　オ．支払手数料　カ．支払利息

3．借入金（元金均等返済）の今月返済分の元本￥400,000および利息（各自計算）が普通預金口座から引き落とされた。利息の引落額は未返済の元本￥2,000,000に利息年2.92％を適用し，30日分の日割計算（１年を365日とする）した額である。

ア．当座預金　イ．普通預金　ウ．借入金　エ．受取利息　オ．支払手数料　カ．支払利息

4．取引銀行から短期資金として￥3,400,000を借り入れていたが，支払期日が到来したため，元利合計を当座預金から返済した。なお，借入れにともなう利率は年1.5％，借入期間は当期中の８か月であった。

ア．当座預金　イ．普通預金　ウ．借入金　エ．受取利息　オ．支払手数料　カ．支払利息

5．山梨商店に￥500,000を貸し付け，同額の約束手形を受け取り，利息￥5,000を差し引いた残額を当社の普通預金口座から山梨商店の普通預金口座に振り込んだ。

ア．普通預金　イ．受取手形　ウ．手形貸付金　エ．立替金　オ．受取利息　カ．支払利息

6．かねて手形を振り出して借り入れていた￥900,000の返済期日をむかえ，同額が当座預金口座から引き落とされるとともに，手形の返却を受けた。

ア．当座預金　イ．受取手形　ウ．支払手形　エ．手形借入金　オ．受取利息　カ．支払利息

7．当社の専務取締役Ｓ氏に資金を貸し付ける目的で￥4,500,000の小切手を振り出した。ただし，その重要性を考慮し，貸付金勘定ではなく役員貸付けであることを明示する勘定を用いることとした。

ア．現金　イ．当座預金　ウ．従業員貸付金　エ．役員貸付金　オ．受取利息　カ．支払利息

8．当社の常務取締役Ｋ氏より，￥620,000を借り入れ，現金で受け取った。

ア．現金　イ．役員貸付金　ウ．立替金　エ．仮払金　オ．役員借入金　カ．給料

9．不用になった備品を￥140,000で売却し，代金は月末受け取りとしていたが，代金を誤って売掛金に計上していたことが判明したため，修正する。

ア．現金　イ．売掛金　ウ．備品　エ．未収入金　オ．固定資産売却益　カ．固定資産売却損

10．事務所で使用する予定の切手￥5,200を購入し，代金は１週間後に支払うこととした。

ア．現金　イ．前払金　ウ．仮払金　エ．未払金　オ．通信費　カ．雑費

11．従業員に対し，給料の前貸しを行い，￥170,000を普通預金口座から振り込んだ。

ア．普通預金　イ．従業員立替金　ウ．前払金　エ．仮払金　オ．所得税預り金　カ．給料

12．従業員への給料の支払いにあたり，給料総額￥420,000のうち，本人負担の社会保険料￥24,000と，所得税の源泉徴収分￥18,000を差し引き，残額を当座預金口座より振り込んだ。

ア．現金　イ．当座預金　ウ．所得税預り金　エ．社会保険料預り金　オ．給料　カ．法定福利費

13．11月25日，今月分の従業員に対する給料￥1,400,000について，所得税の源泉徴収分￥104,000および健康保険・厚生年金・雇用保険の社会保険料合計￥130,000を控除し，各従業員の指定する銀行口座へ当社の普通預金口座から振り込んで支給した。

ア．現金　イ．普通預金　ウ．所得税預り金　エ．社会保険料預り金　オ．給料　カ．租税公課

14．２月25日，今月分の従業員に対する給料￥1,800,000を，所得税の源泉徴収分￥123,000および健康保険・厚生年金の社会保険料合計￥153,000，さらに会社側がいったん立て替えて支払った雇用保険の従業員負担分の月額相当額￥4,000および給料の前貸し分￥120,000を控除し，各従業員の指定する銀行口座へ当社の普通預金口座から振り込んで支払った。

ア．現金　イ．普通預金　ウ．従業員立替金　エ．所得税預り金　オ．社会保険料預り金　カ．給料

	借　方　科　目	金　　額	貸　方　科　目	金　　額
1				
2				
3				
4				
5				
6				
7				
8				
9				
10				
11				
12				
13				
14				

15. 従業員にかかる健康保険料¥80,000を普通預金口座から納付した。このうち従業員負担分¥40,000は，社会保険料預り金からの支出であり，残額は会社負担分である。

ア．当座預金　イ．普通預金　ウ．所得税預り金　エ．社会保険料預り金　オ．法定福利費　カ．広告宣伝費

16. 所轄税務署より納期の特例承認を受けている源泉徴収所得税の納付として1月から6月までの合計税額¥72,000を，納付書とともに銀行において現金で納付した。

ア．現金　イ．当座預金　ウ．所得税預り金　エ．社会保険料預り金　オ．支払手数料　カ．支払利息

17. 石川商店に対し，A商品500個（@¥800）を注文し，支払予定額の30%を手付金として小切手を振り出して支払った。

ア．当座預金　イ．前払金　ウ．買掛金　エ．前受金　オ．売上　カ．仕入

18. 愛知商店より，商品¥200,000（原価¥130,000）について，注文の予約を受け，内金¥80,000を現金で受け取った。

ア．現金　イ．売掛金　ウ．前払金　エ．未収入金　オ．前受金　カ．売上

19. 長野商店から，かねて注文しておいた商品¥540,000を引き取り，注文時に支払った手付金¥100,000を差し引き，差額を同店あての約束手形を振り出して支払った。なお，そのさい，引取運賃¥15,000を現金で支払った。

ア．現金　イ．前払金　ウ．支払手形　エ．前受金　オ．仕入　カ．発送費

20. 得意先北陸商店に商品¥390,000（原価¥252,000）を売り上げ，代金のうち¥160,000は注文時に受け取った手付金と相殺し，残額は月末の受取りとした。なお，商品の発送費用（当社負担）¥13,000を運送会社に小切手を振り出して支払った。

ア．当座預金　イ．売掛金　ウ．立替金　エ．前受金　オ．売上　カ．発送費

21. 従業員が出張から帰社し，旅費の精算を行ったところ，あらかじめ概算額で仮払いしていた¥60,000では足りず，不足額¥20,000を従業員が立替払いしていた。なお，この不足額は次の給料支払時に従業員へ支払うため，未払金として計上した。

ア．現金　イ．仮払金　ウ．立替金　エ．未払金　オ．仮受金　カ．旅費交通費

22. 従業員が出張から戻り，旅費の残額¥7,000と，得意先で契約した商品販売にかかる手付金¥100,000を現金で受け取った。なお，出張にあたって，従業員には旅費の概算額¥50,000を渡していた。

ア．現金　イ．前払金　ウ．仮払金　エ．前受金　オ．仮受金　カ．旅費交通費

23. 営業活動で利用する電車およびバスの料金支払用ＩＣカードに現金¥20,000を入金し，領収証の発行を受けた。なお，入金時に仮払金に計上する方法を用いている。

ア．現金　イ．前払金　ウ．仮払金　エ．前受金　オ．旅費交通費　カ．消耗品費

24. 出張先の従業員から¥700,000が当社の当座預金口座に振り込まれたが，内訳は不明である。

ア．当座預金　イ．前払金　ウ．未収入金　エ．仮払金　オ．前受金　カ．仮受金

25. 上記24.の振込金について，掛代金の回収額¥570,000と商品受注にともなう内金¥130,000であると判明した。

ア．現金　イ．売掛金　ウ．前払金　エ．買掛金　オ．前受金　カ．仮受金

26. 信販会社が発行している商品券¥280,000をすべて精算し，同額を現金で受け取った。

ア．現金　イ．当座預金　ウ．クレジット売掛金　エ．受取商品券　オ．受取手数料　カ．受取利息

27. 新規に出店するためにビルの1階部分を1か月当たり¥320,000にて賃借する契約を結んだ。契約にあたり，敷金（家賃の2か月分）および不動産業者に対する仲介手数料（家賃の1か月分）を，小切手を振り出して支払った。

ア．現金　イ．当座預金　ウ．前払金　エ．差入保証金　オ．支払手数料　カ．雑費

28. 不動産の賃借契約を解除し，契約時に支払った敷金¥260,000から修繕にともなう費用¥40,000を差し引かれた金額が，当座預金口座に振り込まれた。

ア．現金　イ．当座預金　ウ．差入保証金　エ．支払手数料　オ．支払家賃　カ．修繕費

	借　方　科　目	金　　額	貸　方　科　目	金　　額
15				
16				
17				
18				
19				
20				
21				
22				
23				
24				
25				
26				
27				
28				

有形固定資産に関する取引

次の取引の仕訳を示しなさい。ただし，勘定科目は選択肢の中から最も適当なものを選び，記号で答えなさい。なお，一つの仕訳につき，二回以上同じ勘定科目を使用しないこと。

1．事務用のオフィス機器¥590,000とコピー用紙¥6,000を購入し，代金の合計を普通預金口座から振り込んだ。

ア．現金　イ．普通預金　ウ．備品　エ．建物　オ．消耗品費　カ．通信費

2．業務で使用する目的でコピー複合機¥740,000を購入し，搬入設置費用¥15,000を含めた¥755,000のうち¥350,000は小切手を振り出して支払い，残額は翌月以降の分割払いとした。

ア．現金　イ．当座預金　ウ．備品　エ．買掛金　オ．未払金　カ．支払手数料

3．土地付き建物¥8,000,000（うち建物¥2,000,000，土地¥6,000,000）を購入し，売買手数料（それぞれの代金の３％）を加えた総額を普通預金口座から振り込むとともに引渡しを受けた。

ア．現金　イ．普通預金　ウ．建物　エ．土地　オ．支払手数料　カ．支払利息

4．新店舗を開設する目的で，土地200㎡を，１㎡当たり¥35,000で購入した。購入手数料¥700,000は普通預金口座から仲介業者に支払い，土地代金は月末に支払うこととした。

ア．普通預金　イ．建物　ウ．土地　エ．買掛金　オ．未払金　カ．支払手数料

5．営業用の土地350㎡を，１㎡当たり¥25,000で購入した。この土地の購入手数料¥200,000は現金で仲介業者に支払い，土地の代金は後日支払うこととした。

ア．現金　イ．建物　ウ．土地　エ．買掛金　オ．未払金　カ．支払手数料

6．店舗を建てる目的で購入した土地について建設会社に依頼していた整地作業が完了し，その代金¥250,000を現金で支払った。

ア．現金　イ．普通預金　ウ．建物　エ．土地　オ．修繕費　カ．支払手数料

7．不用になった営業用トラック（取得原価¥500,000，減価償却累計額¥180,000，間接法で記帳）を期首に¥350,000で売却し，代金は月末に受け取ることとした。

ア．売掛金　イ．未収入金　ウ．車両運搬具　エ．車両運搬具減価償却累計額　オ．固定資産売却益
カ．固定資産売却損

8．不用になった備品（取得原価¥300,000，減価償却累計額¥108,000，間接法で記帳）を期首に¥50,000で売却し，代金は２週間後に受け取ることとした。

ア．売掛金　イ．未収入金　ウ．備品　エ．備品減価償却累計額　オ．固定資産売却益　カ．固定資産売却損

9．令和×2年４月４日に購入した備品（取得原価¥600,000，残存価額ゼロ，耐用年数５年，定額法で計算，間接法で記帳）が不用になったので，本日（令和×5年６月30日）¥90,000で売却し，代金は翌月末に受け取ることとした。なお，決算日は３月31日とし，減価償却費は月割りで計算する。

ア．未収入金　イ．備品　ウ．備品減価償却累計額　エ．減価償却費　オ．固定資産売却益
カ．固定資産売却損

10．かねて購入した店舗用地1,800㎡（１㎡当たり¥5,000で購入，整地費用¥300,000）のうち，600㎡を１㎡当たり¥7,000で取引先に売却し，代金は取引先振出しの小切手で受け取った。

ア．現金　イ．当座預金　ウ．土地　エ．固定資産売却益　オ．支払手数料　カ．固定資産売却損

11．建物および土地の固定資産税¥430,000の納付書を受け取り，未払金に計上することなく，ただちに当座預金口座から振り込んで納付した。

ア．当座預金　イ．建物　ウ．土地　エ．租税公課　オ．諸会費　カ．法人税等

12．店舗の窓ガラスが破損し，取替えのための費用¥90,000を現金で支払った。

ア．現金　イ．普通預金　ウ．建物　エ．備品　オ．修繕費　カ．支払手数料

13．店舗の外壁の強化工事を行い，工事費用¥510,000を，小切手を振り出して支払った。なお，当該工事により，店舗の耐用年数が延長される効果が認められた。

ア．現金　イ．当座預金　ウ．建物　エ．備品　オ．修繕費　カ．支払手数料

14．建物の改築と修繕を行い，代金¥30,000,000を普通預金口座から支払った。うち建物の資産価値を高める支出額（資本的支出）は¥24,000,000であり，建物の現状を維持するための支出額（収益的支出）は¥6,000,000である。

ア．現金　イ．普通預金　ウ．建物　エ．土地　オ．修繕費　カ．支払手数料

Hint!

	借　方　科　目	金　額	貸　方　科　目	金　額
1				
2				
3				
4				
5				
6				
7				
8				
9				
10				
11				
12				
13				
14				

収益・費用に関する取引

次の取引の仕訳を示しなさい。ただし，勘定科目は選択肢の中から最も適当なものを選び，記号で答えなさい。なお，一つの仕訳につき，二回以上同じ勘定科目を使用しないこと。

1．店舗の駐車場として貸し出している土地の本月分賃貸料¥30,000が普通預金口座に入金された。

ア．現金　イ．普通預金　ウ．土地　エ．受取地代　オ．受取家賃　カ．受取手数料

2．前期に貸倒れとして処理した売掛金¥350,000のうち，¥190,000を現金で回収した。

ア．現金　イ．売掛金　ウ．貸倒引当金　エ．雑益　オ．貸倒引当金戻入　カ．償却債権取立益

3．従業員が事業用のＩＣカードから旅費交通費¥3,800および消耗品費¥600を支払った。なお，ＩＣカードのチャージ（入金）については，チャージ時に仮払金勘定で処理している。

ア．現金　イ．普通預金　ウ．仮払金　エ．旅費交通費　オ．通信費　カ．消耗品費

4．従業員が業務のために立て替えた1か月分の諸経費は次のとおりであった。そこで，来月の給料に含めて従業員へ支払うこととし，未払金として計上した。

電車代　¥4,800　　タクシー代　¥5,600　　書籍代（消耗品費）　¥8,000

ア．現金　イ．立替金　ウ．未払金　エ．給料　オ．旅費交通費　カ．消耗品費

5．従業員の出張にあたり，出張旅費¥50,000を普通預金口座から旅行代理店に支払った。なお，このうち¥10,000はＩＣカードへのチャージ（入金）であり，当社ではチャージ時に仮払金勘定で処理している。

ア．現金　イ．普通預金　ウ．仮払金　エ．旅費交通費　オ．租税公課　カ．支払手数料

6．7月2日，本年度の雇用保険料¥120,000を一括して現金で納付した。そのうち従業員負担分は¥48,000（月額相当額¥4,000）であり，残額は会社負担分である。従業員負担分については，4月から6月までの3か月分は，給料から毎月月額相当額を差し引いて支給しているが，7月以降の9か月分については，いったん会社が立て替えて支払い，その後の毎月の給料から精算することとしている。

ア．現金　イ．従業員立替金　ウ．所得税預り金　エ．社会保険料預り金　オ．給料　カ．法定福利費

7．広告宣伝費¥25,000を普通預金口座から支払った。また，振込手数料として¥800が同口座から引き落とされた。

ア．現金　イ．普通預金　ウ．広告宣伝費　エ．消耗品費　オ．支払手数料　カ．支払利息

8．店舗にかかる固定資産税¥380,000と，営業用トラックの自動車税¥16,000を現金で納付した。

ア．現金　イ．建物　ウ．車両運搬具　エ．消耗品費　オ．租税公課　カ．雑費

9．商工会議所の年会費¥9,000を現金で支払った。

ア．現金　イ．仮払金　ウ．法定福利費　エ．支払手数料　オ．租税公課　カ．諸会費

10．家賃¥350,000，電話料金¥15,000，電気料金¥50,000および水道料金¥22,000が普通預金口座から引き落とされた。

ア．普通預金　イ．通信費　ウ．支払家賃　エ．支払地代　オ．水道光熱費　カ．雑費

11．収入印紙¥4,000を購入し，代金は後日支払うこととした。なお，この収入印紙はただちに使用した。

ア．現金　イ．仮払金　ウ．未払金　エ．通信費　オ．消耗品費　カ．租税公課

12．収入印紙¥40,000，郵便切手¥8,000を購入し，いずれも費用として処理していたが，決算日に収入印紙¥7,000，郵便切手¥800が未使用であることが判明したため，これらを適切な勘定に振り替えた。

ア．現金　イ．貯蔵品　ウ．通信費　エ．消耗品費　オ．租税公課　カ．雑費

13．決算にあたり，法定福利費の未払分¥57,000を計上する。

ア．現金　イ．未収入金　ウ．未払金　エ．未払法定福利費　オ．未払広告宣伝費　カ．法定福利費

14．前期の決算において未収利息¥48,000を計上していたので，本日（当期首），再振替仕訳を行った。

ア．現金　イ．未収入金　ウ．未収利息　エ．受取手数料　オ．受取利息　カ．支払利息

Hint!

	借　方　科　目	金　　額	貸　方　科　目	金　　額
1				
2				
3				
4				
5				
6				
7				
8				
9				
10				
11				
12				
13				
14				

消費税，法人税・住民税・事業税に関する取引

次の取引の仕訳を示しなさい。ただし，勘定科目は選択肢の中から最も適当なものを選び，記号で答えなさい。なお，一つの仕訳につき，二回以上同じ勘定科目を使用しないこと。

1．商品（本体価格￥200,000）を仕入れ，代金は10％の消費税を含めて掛けとした。なお，消費税については，税抜方式で記帳する。

　ア．仮払金　イ．仮払消費税　ウ．買掛金　エ．仮受金　オ．仮受消費税　カ．仕入

2．商品￥300,000を売り上げ，消費税￥30,000を含めた合計額のうち￥200,000は現金で受け取り，残額は共通商品券を受け取った。なお，消費税は税抜方式で記帳する。

　ア．現金　イ．受取商品券　ウ．仮払消費税　エ．仮受金　オ．仮受消費税　カ．売上

3．決算にさいして，上記1．および2．の取引から，納付すべき消費税額を計上する。

　ア．仮払金　イ．仮払消費税　ウ．仮受金　エ．仮受消費税　オ．未払消費税　カ．売上

4．上記3の取引から消費税の確定申告を行い，未払額を普通預金から支払った。

　ア．普通預金　イ．仮払消費税　ウ．未払金　エ．仮受消費税　オ．未払消費税　カ．未払法人税等

5．滋賀商事㈱は，決算にあたり，商品売買取引にかかる消費税の納付額を計算し，これを確定申告した。なお，消費税の仮払分は￥40,000，仮受分は￥70,000であり，消費税の記帳方法は税抜方式を採用している。

　ア．仮払金　イ．仮払消費税　ウ．仮受金　エ．仮受消費税　オ．未払消費税　カ．未払法人税等

6．決算にさいして，消費税の納付額￥50,000を計算し，これを確定した。なお，消費税の仮払分は￥80,000であり，会計処理方法は税抜方式を採用している。

　ア．仮払金　イ．仮払消費税　ウ．仮受金　エ．仮受消費税　オ．未払消費税　カ．未払法人税等

7．本日，確定申告を行い，決算時に計上した消費税未払額￥142,000を普通預金から支払った。

　ア．普通預金　イ．仮払消費税　ウ．未払金　エ．仮受消費税　オ．未払消費税　カ．未払法人税等

8．決算日につき，法人税，住民税及び事業税￥570,000を計上した。なお，仮払法人税等の残高はなかった。

　ア．現金　イ．仮払法人税等　ウ．未払法人税等　エ．繰越利益剰余金　オ．租税公課　カ．法人税等

9．確定申告を行い，法人税，住民税及び事業税の未払額￥830,000を現金で納付した。

　ア．現金　イ．仮払法人税等　ウ．未払消費税　エ．未払法人税等　オ．租税公課　カ．法人税等

10．中間申告を行い，法人税，住民税及び事業税￥610,000を当座預金から振り込んだ。

　ア．当座預金　イ．仮払金　ウ．仮払法人税等　エ．未払法人税等　オ．租税公課　カ．法人税等

11．決算日における収益と費用の総額は以下のとおりであった。よって，法定実効税率は30％とし，法人税，住民税及び事業税を計上する。なお，仮払法人税等の勘定残高は￥150,000である。

　　収益総額　￥2,600,000　　費用総額　￥1,800,000

　ア．現金　イ．仮払法人税等　ウ．未払法人税等　エ．繰越利益剰余金　オ．租税公課　カ．法人税等

12．中間申告を行い，法人税￥420,000，住民税￥310,000及び事業税￥560,000を当座預金から振り込んだ。

　ア．当座預金　イ．仮払金　ウ．仮払法人税等　エ．未払法人税等　オ．租税公課　カ．法人税等

13．三重産業㈱は，決算にあたり今年度の法人税，住民税及び事業税￥960,000を計上した。ただし，仮払法人税等の勘定残高￥540,000は中間納付税額を計上したものである。

　ア．現金　イ．仮払法人税等　ウ．未払法人税等　エ．繰越利益剰余金　オ．租税公課
　カ．法人税，住民税及び事業税

14．決算にあたり，当期の法人税￥3,600,000，住民税￥1,200,000，事業税￥840,000を見積もった。なお，中間申告のさいに，前年度の納付額の合計￥6,200,000の50％を現金で納付していた。

　ア．現金　イ．仮払法人税等　ウ．未払法人税等　エ．繰越利益剰余金　オ．租税公課
　カ．法人税，住民税及び事業税

	借　方　科　目	金　　額	貸　方　科　目	金　　額
1				
2				
3				
4				
5				
6				
7				
8				
9				
10				
11				
12				
13				
14				

伝票，証ひょう

次の問題文と伝票・証ひょうから問に答えなさい。ただし，勘定科目は選択肢の中から最も適当なものを選び，記号で答えなさい。なお，一つの仕訳につき，二回以上同じ勘定科目を使用しないこと。

1．商品を売り上げ，代金¥120,000のうち¥20,000を現金で受け取り，残額を掛けとした取引について，入金伝票を下記のように作成したとき，振替伝票の記入を仕訳の形式で示しなさい。

ア．現金　イ．売掛金　ウ．前払金　エ．前受金　オ．売上　カ．発送費

入金伝票	
科　目	金　額
売掛金	¥20,000

2．新たな営業用店舗の賃借契約を行い，下記の振込依頼書どおりに普通預金口座から振り込んださいに，必要な仕訳を示しなさい。なお，仲介手数料は費用として処理すること。

ア．普通預金　イ．差入保証金　ウ．仮払金　エ．受取手数料　オ．支払家賃　カ．支払手数料

振込依頼書

㈱関東商事　御中

㈱東日本不動産

ご契約ありがとうございます。以下の金額を下記口座へお振り込みください。

内　容		金　額
仲介手数料		¥ 30,000
敷金		¥240,000
初月賃料		¥ 60,000
	合　計	¥330,000

東南銀行北支店　当座　2121457　カ）ヒガシニホンフドウサン

3．出張から戻った従業員から下記の領収書と報告書が提出されたさいに，必要な仕訳を示しなさい。なお，概算額の不足額¥6,000については現金で従業員に支払っており，1回¥3,000以下の電車賃は従業員からの領収書の提出は不要としている。

ア．現金　イ．普通預金　ウ．仮払金　エ．通信費　オ．旅費交通費　カ．租税公課

領収書
運賃¥6,800
上記のとおり領収しました。
埼玉交通

領収書
宿泊費1泊¥15,000
またのご利用をお待ちしております。
埼玉ホテル

旅費交通費等報告書

岡山太郎

移動先	手段等	領収書	金　額
東京駅	電車	無	2,100
埼玉商事㈱	タクシー	有	6,800
埼玉ホテル	宿泊	有	15,000
帰社	電車	無	2,100
		合　計	26,000

4．取引銀行のインターネットバンキングサービスから普通預金口座の入出金明細を参照したところ，下記のとおりであった。各取引日の仕訳を示しなさい。

ア．現金　イ．普通預金　ウ．仮払金　エ．通信費　オ．水道光熱費　カ．租税公課

入出金明細

日付	内　容	出金金額	入金金額	取引残高
12.11	ATM入金		50,000	省略
12.15	カワグチシスイドウキョク	18,000		
12.18	南関東電話局	2,600		
12.21	埼玉電力	21,000		
12.23	川口ガス	9,000		

5．京都家具㈱と㈱奈良商事は主たる営業活動として家具の販売を行っており，それぞれ商品発送時に売上，商品受取時に仕入を計上している。そこで，次の証ひょうにもとづき，①～④の仕訳を示しなさい。なお，京都家具㈱と㈱奈良商事は，ともに消費税について税抜方式で記帳している。また，振込手数料については，消費税を考慮しなくてよい。

納品書兼請求書

㈱奈良商事　御中　　5月15日

京都家具株式会社

商　品	数　量	単　価	金　額
子供用学習机	5	140,000	700,000
	消費税		70,000
	合計		¥770,000

払込期限：5月31日

振込先：近畿銀行京都支店

普通　555644　キョウトカグ（カ

当座勘定照合表（抜粋）

㈱奈良商事　御中

中部銀行奈良支店

取引日	摘　要	金　額
5.31	お振込キョウトカグ（カ	770,000
5.31	お振込手数料	800

①京都家具㈱が商品を発送したとき　②㈱奈良商事が商品を受け取ったとき

③京都家具㈱が代金の振込みを受けたとき　④㈱奈良商事が代金を振り込んだとき

ア．現金　イ．普通預金　ウ．当座預金　エ．売掛金　オ．仮払消費税　カ．買掛金

キ．仮受消費税　ク．未払消費税　ケ．売上　コ．受取手数料　サ．仕入　シ．支払手数料

		借方科目	金額	貸方科目	金額
1					
2					
3					
4	12/11				
	12/15				
	12/18				
	12/21				
	12/23				
5	①				
	②				
	③				
	④				

勘定記入

1．島根商事株式会社（決算年１回，３月31日）における次の**[取引]**にもとづいて，支払利息勘定と未払利息勘定を完成しなさい。ただし，摘要欄については，**[語群]**から最も適当なものを選び，記号で答えなさい。同じ記号を二回以上使用してもよい。なお，利息の計算はすべて月割計算とする。

[取引]

４月１日　取引先から¥2,400,000（利率年1.5%，期間１年，利払日は９月と３月の各末日）を借り入れ，同額が普通預金口座に振り込まれた。

９月30日　取引先からの借入金について，利息を普通預金口座から支払った。

12月１日　銀行から¥3,000,000（利率年1.2%，期間１年）を借り入れ，同額が普通預金口座に振り込まれた。なお，利息は元本返済時に一括で支払う契約である。

３月31日　取引先からの借入金について，利息を普通預金口座から支払った。
銀行からの借入金について，未払分の利息を計上した。

[語群]

ア．前期繰越　イ．次期繰越　ウ．現金　エ．普通預金　オ．未収利息　カ．借入金
キ．未払金　ク．未払利息　ケ．受取利息　コ．支払利息　サ．損益

支　払　利　息

未　払　利　息

2．兵庫商事株式会社（決算年１回，３月31日）における次の**[取引]**にもとづいて，各勘定を完成しなさい。ただし，（　　　　）および摘要欄については，**[語群]**から最も適当なものを選び，記号で答えなさい。なお，同じ記号を二回以上使用してもよい。

[取引]

×2年４月１日　前期決算日に物件Ｓに対する今年度４月から７月までの前受家賃を計上していたので，再振替仕訳を行った。１か月分の家賃は¥80,000である。

×2年８月１日　物件Ｓに対する向こう半年分の家賃（８月から１月まで）が当座預金口座に振り込まれた。１か月分の家賃に変更はない。

×2年９月１日　物件Ｍに対する向こう１年分の家賃が当座預金口座に振り込まれた。この取引は新規取引で，１か月分の家賃は¥120,000である。

×3年２月１日　物件Ｓに対する向こう半年分の家賃（２月から７月まで）が当座預金口座に振り込まれた。今回から１か月分の家賃は¥90,000に値上げしている。

×3年３月31日　決算日を迎え，前受家賃を計上した。

[語群]

ア．前払家賃　イ．前受家賃　ウ．受取家賃　エ．支払家賃　オ．前期繰越　カ．次期繰越　キ．損益

（　　　　　　）

			8/1	当座預金	
			9/1	当座預金	
			2/1	当座預金	

（　　　　　　）

			4/1	前期繰越	
			3/31		

3．当社では毎年11月１日に向こう１年分の保険料を支払っていたが，今年の支払額は10％アップして￥39,600となった。そこで，この保険料に関連する下記の勘定を完成しなさい。ただし，（　　　　　）および摘要欄については，**[語群]** から最も適当なものを選び，記号で答えなさい。同じ記号を二回以上使用してもよい。なお，会計期間は４月１日から３月31日までであり，前払保険料は月割計算している。

[語群]

ア．前期繰越　イ．次期繰越　ウ．損益　エ．現金　オ．前払保険料　カ．未払金　キ．保険料

（　　　　　　　　）

4/1					
11/1	現　　金	39,600			

（　　　　　　　　）

4/1					
3/31					
		44,100			44,100

4．和歌山商事株式会社の４月中の買掛金に関する取引の勘定記録は以下のとおりである。よって，各勘定を完成しなさい。ただし，摘要欄については，**[語群]** から最も適当なものを選び，記号で答えなさい。同じ記号を二回以上使用してもよい。なお，仕入先は下記の二店のみとし，各勘定は毎月末に締め切っている。

[語群]

ア．前月繰越　イ．次月繰越　ウ．現金　エ．普通預金　オ．買掛金　カ．仕入

総　勘　定　元　帳

買　　掛　　金

4/9	仕　　入		4/1	前月繰越	495,000
15		496,000	8		
	仕　　入				1,231,000
25					
30		442,000			

買　掛　金　元　帳

鳥　取　商　店

4/22	返　　品		4/1		315,000
25	普通預金払い	1,387,000	21	仕 入 れ	
30					
		1,546,000			1,546,000

岡　山　商　店

4/9	返　　品		4/1		
15	現金払い		8	仕 入 れ	627,000
30		298,000			
		807,000			807,000

5．四国商事株式会社の，4月中の売掛金に関する取引の記録は以下のとおりである。よって，下記の各勘定を完成しなさい。ただし，［　　　　］および摘要欄については，**［語群］** から最も適当なものを選び，記号で答えなさい。なお，［　　　　］にはそれぞれ帳簿名が入る。また，補助簿には両商店以外は存在しない。同じ記号を二回以上使用してもよい。

［語群］

ア．総勘定元帳　イ．得意先元帳　ウ．仕入先元帳　エ．売上　オ．仕入　カ．香川商店　キ．徳島商店

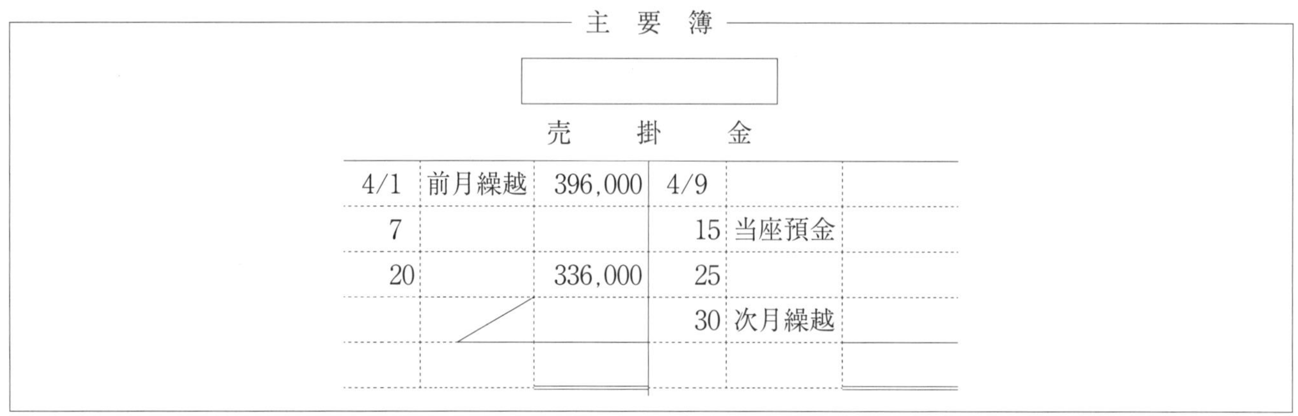
主　要　簿

［　　　　］

売　　掛　　金

4/1	前月繰越	396,000	4/9		
7			15	当座預金	
20		336,000	25		
			30	次月繰越	

補　助　簿

［　　　　］

香　川　商　店

4/1	前月繰越	259,000	4/9	返　　品	10,000
7	売り上げ	624,000	15	回　　収	752,000
			30	次月繰越	

徳　島　商　店

4/1	前月繰越		4/15	回　　収	
20	売り上げ		25	返　　品	6,000
			30	次月繰越	374,000

6．次の **［資料］** にもとづいて，空欄に入る適切な金額を記入し，各勘定を完成しなさい。ただし，摘要欄については，**［語群］** から最も適当なものを選び，記号で答えなさい。同じ記号を二回以上使用してもよい。また，定額法にもとづき減価償却が行われており，減価償却費は月割計算で計上する。なお，当社の決算日は，毎年3月31日である。

［資料］

	取　得　日	取得原価	耐用年数	残存価額
備品X	×5年4月1日	¥120,000	5年	取得原価の10%
備品Y	×7年12月1日	¥240,000	4年	ゼロ
備品Z	×8年5月10日	¥720,000	3年	ゼロ

［語群］

ア．前期繰越　イ．次期繰越　ウ．備品　エ．備品減価償却累計額　オ．減価償却費　カ．諸口

備　　　　品

×8/4/1			×9/3/31		
5/10	当座預金				

備品減価償却累計額

×9/3/31			×8/4/1		
			×9/3/31		

7．次の**［資料］**にもとづいて，株式会社広島商事（決算年１回，３月31日）の損益勘定，資本金勘定，繰越利益剰余金勘定を完成しなさい。ただし，摘要欄については，**［語群］**から最も適当なものを選び，記号で答えなさい。同じ記号を二回以上使用してもよい。なお，当期は×３年４月１日から×４年３月31日までである。

［資料］

１．総売上高：¥6,300,000　２．純売上高：¥5,950,000　３．決算整理前仕入勘定残高：借方 ¥3,200,000

４．期首商品棚卸高：¥900,000　５．期末商品棚卸高：¥700,000　６．売上原価は仕入勘定で算定する。

［語群］

ア．前期繰越　イ．次期繰越　ウ．損益　エ．資本金　オ．利益準備金　カ．繰越利益剰余金　キ．諸口

損　　益

3/31	仕　入		3/31	売　上	
〃	給　料	1,800,000	〃	受取手数料	150,000
〃	貸倒引当金繰入	6,000			
〃	減価償却費	135,000			
〃	水道光熱費	140,000			

資　本　金

			4/1	前期繰越	4,500,000

繰越利益剰余金

			4/1	前期繰越	40,000

8．次の**［資料］**にもとづいて，株式会社山口商会（決算年１回，３月31日）の損益勘定，資本金勘定，利益準備金勘定，繰越利益剰余金勘定を完成しなさい。ただし，摘要欄については，**［語群］**から最も適当なものを選び，記号で答えなさい。同じ記号を二回以上使用してもよい。なお，当期は×４年４月１日から×５年３月31日までである。

［資料］

５月10日　新たに株式300株を１株当たり¥3,000で発行し，株主からの払込金が全額当社の普通預金口座に振り込まれた。なお，発行価額の全額を資本金とした。

６月28日　株主総会で繰越利益剰余金を次のとおり処分することが承認された。

株主配当金　¥400,000　　利益準備金の積み立て　¥40,000

３月31日　決算にあたり，税引前当期純利益の30%を法人税等に計上した。

［語群］

ア．前期繰越　イ．次期繰越　ウ．損益　エ．普通預金　オ．未払法人税等　カ．未払配当金
キ．資本金　ク．利益準備金　ケ．繰越利益剰余金　コ．法人税等　サ．諸口

損　　益

3/31	仕　入	1,900,000	3/31	売　上	3,500,000
〃	給　料	850,000	〃	受取手数料	100,000
〃	貸倒引当金繰入	50,000			
〃	減価償却費	300,000			

資　本　金

			4/1	前期繰越	1,500,000

利益準備金

			4/1	前期繰越	200,000

繰越利益剰余金

			4/1	前期繰越	600,000

固定資産台帳

1．以下の固定資産台帳にもとづいて次の**問**に答えなさい。なお，当社の決算日は毎年３月31日であり，当期は×8年４月１日から×9年３月31日までの１年間である。また，期中取得した期間については，減価償却費は月割計算で計上する。

問１　（　　　　）に適切な金額を記入し，固定資産台帳を完成しなさい。

問２　×9年３月31日，減価償却を行って固定資産台帳に×8年度の記入をした後に，この備品を￥2,500,000で売却した。この売却から生じた，固定資産売却損益を答えなさい。

固 定 資 産 台 帳

×9年３月31日

整理番号	0003	購入価格	3,840,000
分類	備品	償却方法	定額法
取得年月日	×6年12月８日	耐用年数	８年
売却年月日	×9年３月31日	残存価額	0

年度	期首帳簿価額	当年度償却額	期末帳簿価額	期首減価償却累計額	期末減価償却累計額
×6年度	―――	（￥　　　）	（￥　　　）	―――	（￥　　　）
×7年度	（￥　　　）	（￥　　　）	（￥　　　）	（￥　　　）	（￥　　　）
×8年度	（￥　　　）	（￥　　　）	（￥　　　）	（￥　　　）	（￥　　　）

固定資産売却（ 損・益 ）	￥

※（　　）内の損か益を○で囲むこと。

2．下記の**[資料]**にもとづいて，固定資産台帳と備品勘定，備品減価償却累計額勘定を完成しなさい。定額法（残存価額ゼロ）にもとづき減価償却が行われており，減価償却費は月割計算によって計上する。ただし，摘要欄については，**[語群]**から最も適当なものを選び，記号で答えなさい。なお，当社の決算日は毎年３月31日である。

[語群]　ア．現金　イ．普通預金　ウ．備品　エ．減価償却費　オ．損益　カ．諸口

[資料]

固 定 資 産 台 帳

×7年３月31日現在

取得年月日	名称等	期末数量	耐用年数	期首（期中取得）取得原価	期首減価償却累計額	差引期首（期中取得）帳簿価額	当期減価償却費
備品							
×3年４月５日	備品X	3	５年	4,500,000	2,700,000	1,800,000	（　　　）
×5年９月３日	備品Y	4	６年	2,160,000	（　　　）	（　　　）	（　　　）
×6年６月７日	備品Z	1	８年	1,152,000	0	1,152,000	（　　　）
小　計				7,812,000	（　　　）	（　　　）	（　　　）

備　　　品

日付			摘要	借方	日付			摘要	貸方
×6	4	1	前期繰越	（　　　）	×7	3	31	次期繰越	（　　　）
	6	7	当座預金	（　　　）					
				（　　　）					（　　　）

備品減価償却累計額

日付			摘要	借方	日付			摘要	貸方
×7	3	31	次期繰越	（　　　）	×6	4	1	前期繰越	（　　　）
					×7	3	31	（　　　）	（　　　）
				（　　　）					（　　　）

帳簿の読み取り

以下の現金出納帳，売上帳および買掛金元帳の記入にもとづいて，解答欄の各日付の仕訳を示しなさい。ただし，勘定科目は，次の**[語群]**から適切なものを選び，記号を記入すること。なお，一つの仕訳で同じ記号を二回以上使用しないこと。また，当月末（31日）に現金の帳簿残高と実際有高（￥196,000）の差額を現金過不足として処理している。

[語群]

ア．現金　イ．現金過不足　ウ．売掛金　エ．立替金　オ．買掛金
カ．売上　キ．仕入　ク．発送費　ケ．支払手数料

現金出納帳

×3年		摘要	収入	支出	残高
5	1	前月繰越	300,000		300,000
	6	高知商店売り上げに係る当社負担の発送費		4,000	296,000
	12	臨時店舗売り上げ	(　　)		(　　)
	16	普通預金口座へ入金		100,000	(　　)
	25	返品運賃支払い （愛媛商店負担，掛代金から差し引く）		3,000	(　　)

売上帳

×3年		摘要			金額
5	6	高知商店		掛	
		甲商品	100個	@￥1,000	100,000
	12	臨時店舗売り上げ		現金	
		乙商品	20個	@￥　500	10,000

買掛金元帳

愛媛商店

×3年		摘要	借方	貸方	残高
5	1	前月繰越		150,000	150,000
	10	仕入れ		100,000	250,000
	25	返品商品の代金，運賃	8,000		242,000

取引日		借方科目	金額	貸方科目	金額
5	6				
	12				
	25				
	31				

Hint!

商品有高帳

1．次の3月におけるA商品に関する**[資料]**にもとづいて，下記の**問**に答えなさい。なお，払出単価の決定方法として，先入先出法を用いるものとする。

[資料]

3月1日　前月繰越　100個　@¥　820
　　6日　仕　　入　200個　@¥　850
　　8日　仕入返品　 50個　@¥　850　6日に仕入れた商品の返品（払出欄に記入する）
　　10日　売　　上　210個　@¥1,200
　　21日　仕　　入　 80個　@¥　805
　　25日　売　　上　100個　@¥1,200

問1　商品有高帳（A商品）を作成しなさい。ただし，商品有高帳は締め切らなくてよい。また，摘要欄については，次の**[語群]**から最も適当なものを選び，記号で記入しなさい。なお，同じ記号を二回以上使用してもよい。

[語群]

ア．前月繰越　イ．次月繰越　ウ．売上　エ．売上返品　オ．仕入　カ．仕入返品

問2　3月のA商品の純売上高，売上原価および売上総利益を答えなさい。

商品有高帳

先入先出法　　A商品　　単位：個

×2年		摘要	受入			払出			残高		
			数量	単価	金額	数量	単価	金額	数量	単価	金額
3	1										
	6										
	8										
	10										
	21										
	25										

純売上高	売上原価	売上総利益
¥	¥	¥

2．次の5月中の**[取引]**にもとづいて，下記の(1)〜(3)に答えなさい。

[取引]

5月4日　B商品60個を@¥1,000で売り上げた。
　　6日　4日に売り上げたB商品のうち10個が返品された。
　　10日　B商品200個を@¥650で仕入れた。
　　21日　B商品180個を@¥1,000で売り上げた。

(1)　移動平均法により，次ページの商品有高帳（B商品）を作成しなさい。なお，6日の売上戻りについては，受入欄に記入すること。

(2)　移動平均法にもとづいた場合の，5月のB商品の売上原価を答えなさい。

(3)　先入先出法にもとづいた場合の，B商品の次月繰越高を答えなさい。

Hint!

(1)

商品有高帳

移動平均法　　B 商品　　単位：個

×3年		摘要	受入 数量	受入 単価	受入 金額	払出 数量	払出 単価	払出 金額	残高 数量	残高 単価	残高 金額
5	1	前月繰越	100	600	60,000				100	600	60,000
	4	売　上									
	6	売上返品									
	10	仕　入									
	21	売　上									

(2)	(3)
¥	¥

3．下記の仕入帳と売上帳の記録にもとづいて，C品について商品有高帳を作成し締め切りなさい。商品の払出単価の決定は移動平均法により行い，摘要欄は取引の概要を記入する。ただし，仕入返品については払出欄に商品を仕入れたときの単価で記入し，売上返品については受入欄に売り上げたときの単価で記入しなさい。また，摘要欄については，次の**[語群]**から最も適当なものを選び，記号で記入しなさい。なお，同じ記号を二回以上使用してもよい。

[語群]

ア．受取手形　イ．売掛金　ウ．支払手形　エ．買掛金
オ．売上　カ．売上返品　キ．仕入　ク．仕入返品

仕入帳

×2年		摘要		金額
7	6	福岡商店	掛	
		C品　400個　@¥560		224,000
	10	**福岡商店**	**掛・返品**	
		C品　100個　@¥560		**56,000**
	21	大分商店	約手	
		C品　500個　@¥600		300,000

売上帳

×2年		摘要		金額
7	13	佐賀商店	掛	
		C品　200個　@¥900		180,000
	26	長崎商店	掛	
		C品　750個　@¥900		675,000
	27	**長崎商店**	**掛・返品**	
		C品　50個　@¥900		**45,000**

商品有高帳

移動平均法　　C 品　　単位：個

×2年		摘要	受入 数量	受入 単価	受入 金額	払出 数量	払出 単価	払出 金額	残高 数量	残高 単価	残高 金額
7	1	前月繰越	200	500	100,000				200	500	100,000
	31	次月繰越									

3伝票の記入

1．下記の各取引の伝票記入について，（　　　　）に当てはまる，適切な科目，または金額を答えなさい。ただし，科目については，次の**［語群］**から最も適切なものを選び，記号で記入しなさい。同じ記号を二回以上使用してもよい。なお，当社では3伝票制を採用しており，商品売買取引の処理は3分法により行っている。また，全額を掛取引として起票する方法と取引を分解して起票する方法のいずれを採用しているかについては，取引ごとに異なるため，各伝票の記入から各自判断すること。

［語群］

ア．現金　イ．受取手形　ウ．売掛金　エ．仮払金　オ．買掛金
カ．売上　キ．仕入　ク．旅費交通費

(1)　商品を￥320,000で仕入れ，代金のうち￥20,000については現金で支払い，残額は掛けとした。

出金伝票	
科目	金額
（　　　　）	（　　　　）

振替伝票			
借方科目	金額	貸方科目	金額
（　　　　）	320,000	（　　　　）	320,000

(2)　商品を￥540,000で売り渡し，代金のうち￥40,000については得意先振出しの小切手で受け取り，残額は掛けとした。

入金伝票	
科目	金額
売上	（　　　　）

振替伝票			
借方科目	金額	貸方科目	金額
売掛金	（　　　　）	（　　　　）	（　　　　）

2．下記の各取引の伝票記入について，（　　　　）に当てはまる，適切な科目，または金額を答えなさい。ただし，科目については，次の**［語群］**から最も適切なものを選び，記号で記入しなさい。同じ記号を二回以上使用してもよい。なお，使用しない伝票の解答欄は空欄のままとすること。また，当社では3伝票制を採用しており，商品売買取引の処理は3分法により行っている。

［語群］

ア．現金　イ．受取手形　ウ．売掛金　エ．仮払金　オ．買掛金
カ．売上　キ．仕入　ク．旅費交通費

(1)　宮崎商店へ商品￥800,000を売り上げ，代金のうち￥200,000は同店振出しの約束手形で受け取り，残額は同店振出しの小切手で受け取った。

入金伝票	
科目	金額
（　　　　）	（　　　　）

振替伝票			
借方科目	金額	貸方科目	金額
（　　　　）	200,000	（　　　　）	200,000

(2)　今週のはじめに，旅費交通費支払用のＩＣカードに現金￥30,000を入金し，仮払金として処理している。当社はＩＣカードを使用したときに費用に振り替える処理を採用しており，本日￥6,000分を使用した。

出金伝票	
科目	金額
（　　　　）	（　　　　）

振替伝票			
借方科目	金額	貸方科目	金額
（　　　　）	（　　　　）	（　　　　）	（　　　　）

Hint!

3．下記の各取引の伝票記入について，（　　　　）に当てはまる，適切な語句，または金額を答えなさい。ただし，語句については，次の**[語群]**から最も適切なものを選び，記号で記入しなさい。同じ記号を二回以上使用してもよい。なお，当社では3伝票制を採用しており，商品売買取引の処理は3分法により行っている。

[語群]

ア．現金　イ．売掛金　ウ．買掛金　エ．売上　オ．仕入　カ．入金　キ．出金

(1)　商品を¥300,000で売り上げ，代金のうち¥80,000については現金で受け取り，残額は掛けとした。

(　　　　)伝　票	
科　　目	金　　額
(　　　　)	(　　　　)

振　替　伝　票			
借方科目	金　　額	貸方科目	金　　額
(　　　　)	300,000	売　　上	300,000

(2)　商品を¥200,000で仕入れ，代金のうち¥50,000については現金で支払い，残額は掛けとした。

(　　　　)伝　票	
科　　目	金　　額
仕　　入	(　　　　)

振　替　伝　票			
借方科目	金　　額	貸方科目	金　　額
(　　　　)	(　　　　)	(　　　　)	(　　　　)

4．下記の各取引の伝票記入について，（　　　　）に当てはまる，適切な語句，または金額を答えなさい。ただし，語句については，次の**[語群]**から最も適切なものを選び，記号で記入しなさい。同じ記号を二回以上使用してもよい。なお，当社では3伝票制を採用しており，商品売買取引の処理は3分法により行っている。

[語群]

ア．現金　イ．売掛金　ウ．買掛金　エ．売上　オ．仕入　カ．発送費　キ．入金　ク．出金　ケ．振替

(1)　商品を¥500,000で仕入れ，代金のうち¥100,000を現金で支払い，残額は掛けとした。

(　　　　)伝　票	
科　　目	金　　額
買　掛　金	(　　　　)

振　替　伝　票			
借方科目	金　　額	貸方科目	金　　額
(　　　　)	(　　　　)	(　　　　)	(　　　　)

(2)　商品を¥600,000で売り上げ，代金は掛けとした。また，当社負担の送料¥3,000を現金で支払った。

(　　　　)伝　票	
科　　目	金　　額
(　　　　)	(　　　　)

振　替　伝　票			
借方科目	金　　額	貸方科目	金　　額
(　　　　)	(　　　　)	(　　　　)	(　　　　)

仕訳日計表

1．沖縄商事株式会社は，日々の取引を入金伝票，出金伝票および振替伝票に記入し，これを１日分ずつ集計して仕訳日計表を作成している。次の10月１日の各伝票にもとづき，⑴仕訳日計表を作成しなさい。また，⑵出金伝票 No.202および振替伝票 No.302が１つの取引を記録したものだとした場合，この取引で仕入れた商品の金額を求めなさい。

入金伝票　No.101
売　上　70,000

入金伝票　No.102
受取手数料　24,000

出金伝票　No.201
仕　入　20,000

出金伝票　No.202
仕　入　10,000

振替伝票　No.301
売掛金（那覇商店）80,000
売　上　80,000

振替伝票　No.302
仕　入　40,000
買掛金（名護商店）40,000

⑴ 仕　訳　日　計　表

令和×2年10月１日

借　　方	勘定科目	貸　　方
	現　　金	
	売 掛 金	
	買 掛 金	
	売　　上	
	受取手数料	
	仕　　入	

⑵ 出金伝票 No.202および振替伝票 No.302で記録された取引において仕入れた商品の金額

¥（　　　　　　　）

2．北海道商事株式会社は，日々の取引を入金伝票，出金伝票および振替伝票の３種類の伝票に記入し，これを１日分ずつ集計して仕訳日計表を作成し，この仕訳日計表から総勘定元帳に転記している。同社の令和×2年９月１日の取引について作成された次の各伝票（略式）にもとづいて，⑴仕訳日計表を作成し，総勘定元帳の現金勘定へ転記しなさい。また，⑵９月１日現在の函館商店に対する売掛金残高を求めなさい。なお，８月31日現在の同店に対する売掛金残高は¥30,000であった。

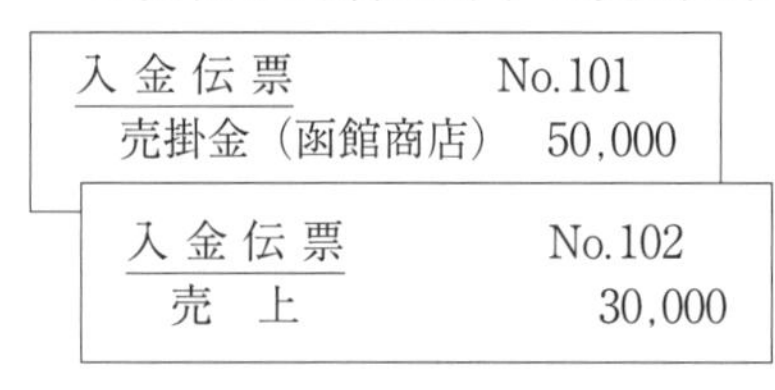
入金伝票　No.101
売掛金（函館商店）50,000

入金伝票　No.102
売　上　30,000

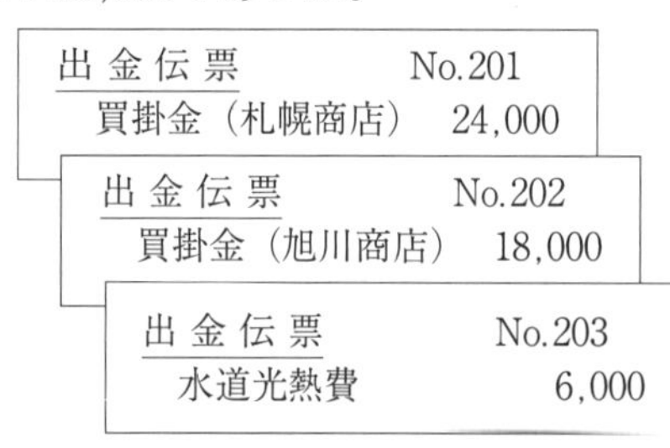
出金伝票　No.201
買掛金（札幌商店）24,000

出金伝票　No.202
買掛金（旭川商店）18,000

出金伝票　No.203
水道光熱費　6,000

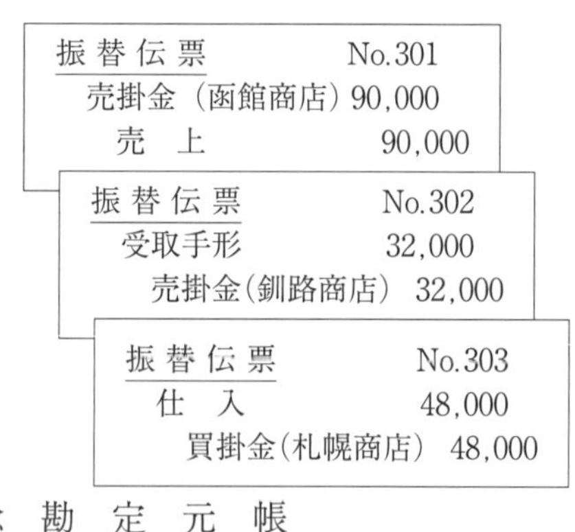
振替伝票　No.301
売掛金（函館商店）90,000
売　上　90,000

振替伝票　No.302
受取手形　32,000
売掛金（釧路商店）32,000

振替伝票　No.303
仕　入　48,000
買掛金（札幌商店）48,000

⑴ 仕　訳　日　計　表

令和×2年９月１日

借　　方	勘定科目	貸　　方
	現　　金	
	受取手形	
	売 掛 金	
	買 掛 金	
	売　　上	
	仕　　入	
	水道光熱費	

総　勘　定　元　帳

現　　金

×2/9/1	前月繰越	64,000	×2/9/1	仕訳日計表（　　　）
〃	仕訳日計表（　　　）			

＊元丁欄と仕丁欄は省略している。

⑵ ９月１日現在の函館商店に対する売掛金残高

¥（　　　　　　　）

Hint!

補助簿の選択

1．令和×2年6月中の取引が，解答欄に示されたどの補助簿に記入されるか答えなさい。なお，解答にあたっては，各取引が記入されるすべての補助簿の欄に○印をつけること。

3日　先に掛けで仕入れた商品￥10,000を品違いのため返品し，代金は掛代金から差し引いた。

8日　営業用の土地を￥9,500,000で取得し，代金は小切手を振り出して支払った。なお，整地費用￥200,000は現金で支払った。

12日　商品￥300,000を売り上げ，代金のうち￥30,000は注文時に受け取った手付金と相殺し，残額は掛けとした。なお，当社負担の発送費￥5,000は現金で支払った。

27日　得意先に対する売掛金（前期分）￥70,000が貸し倒れた。なお，貸倒引当金の残高は￥90,000である。

補助簿／日付	現金出納帳	当座預金出納帳	商品有高帳	売掛金元帳（得意先元帳）	買掛金元帳（仕入先元帳）	仕入帳	売上帳	固定資産台帳
3日								
8日								
12日								
27日								

2．鹿児島商事株式会社の8月の取引（一部）は次のとおりである。それぞれの日付の取引が解答欄に示されたどの補助簿に記入されるか答えなさい。解答にあたっては，該当するすべての補助簿の欄に○印をつけ，該当する補助簿が1つもない取引は「該当なし」の欄に○印をつけること。

4日　得意先に対し商品を￥700,000で売り渡し，代金のうち半額は得意先振出しの小切手で受け取り，残額は掛けとした。なお，受け取った小切手はただちにすべて当座預金口座へ預け入れており，現金出納帳には通貨の記録のみを行っている。

9日　先に営業用建物を￥9,000,000で購入する契約をしていたが，本日その引き渡しを受けた。これにともない，購入代金のうち￥900,000は契約時に仮払金勘定で処理していた手付金を充当し，残額は小切手を振り出して支払った。

12日　先に仕入れた商品￥35,000について品違いが見つかったためこれを返品し，掛代金から差し引くこととした。

31日　①　先月末に発生した現金過不足￥19,000（借方残高）について，当座預金口座への預入れが未記帳となっていたことが原因と判明した。

②　売掛金残高について，￥12,000の貸倒引当金を設定した。

補助簿／日付	現金出納帳	当座預金出納帳	商品有高帳	売掛金元帳（得意先元帳）	買掛金元帳（仕入先元帳）	仕入帳	売上帳	固定資産台帳	該当なし
4日									
9日									
12日									
31日①									
31日②									

Hint!

文章の穴埋め

1．次の各文の（　　　）に当てはまる最も適切な語句を**［語群］**から選び，番号で答えなさい。

⑴　主要簿は，仕訳帳と（　ア　）のことである。

⑵　仕訳の内容を勘定口座に記入する手続きを（　イ　）という。

⑶　当期中に生じた収益合計から費用合計を差し引いて当期純利益（または当期純損失）を求める計算方法を（　ウ　）という。

⑷　すでに取得済みの有形固定資産の修理，改良などのために支出した金額のうち，その有形固定資産の使用可能期間を延長または価値を増加させる部分を（　エ　）支出という。

⑸　前期以前の貸倒れとして処理した売掛金について，当期にその一部を回収したときは，その回収金額を収益の勘定である（　オ　）勘定で処理する。

⑹　株式会社が繰越利益剰余金を財源として配当を行ったときは，会社法で定められた上限額に達するまでは一定額を（　カ　）として積み立てなければならない。

［語群］

①精算表　②締切り　③受取手数料　④決算　⑤損益法
⑥償却債権取立益　⑦分記法　⑧擬制的　⑨貸倒引当金戻入　⑩財産法
⑪合計残高試算表　⑫転記　⑬差入保証金　⑭収益的　⑮資本金
⑯資本的　⑰総勘定元帳　⑱利益準備金

ア	イ	ウ	エ	オ	カ

2．次の各文の（　　　）に当てはまる最も適切な語句を**［語群］**から選び，番号で答えなさい。

⑴　商品有高帳の払出欄の単価欄には商品の（　ア　）が記入される。

⑵　買掛金元帳は，仕入先ごとの買掛金の増減を記録する（　イ　）である。

⑶　３伝票制を採用している場合，入金伝票と出金伝票のほかに，通常（　ウ　）伝票が用いられる。

⑷　貸倒引当金は受取手形や売掛金に対する（　エ　）勘定である。

⑸　財務諸表のうち，一企業の一定の期日における資産，負債および純資産の状態を示す表のことを（　オ　）という。

［語群］

①残高　②損益計算書　③起票　④振替　⑤主要簿　⑥仕入
⑦原価　⑧貸借対照表　⑨補助簿　⑩評価　⑪売上　⑫売価

ア	イ	ウ	エ	オ

3．次の各文の（　　　）に当てはまる最も適切な語句を**［語群］**から選び，番号で答えなさい。

⑴　建物の機能の回復や維持のために修繕を行った場合の仕訳の借方は（　ア　）勘定を用いるが，修繕により機能が向上して価値が増加した場合は（　イ　）勘定を用いる。

⑵　事業で使用している自動車にかかる自動車税を納付した場合の仕訳の借方は（　ウ　）勘定を用いる。また，法人税，住民税及び事業税について，中間申告を行い納付した場合の仕訳の借方は（　エ　）勘定を，確定申告を行い納付した場合の仕訳の借方は（　オ　）勘定を用いる。

［語群］

①車両運搬具　②修繕費　③損益　④建物　⑤減価償却累計額
⑥預り金　⑦租税公課　⑧未払法人税等　⑨仮払法人税等　⑩法人税，住民税及び事業税

ア	イ	ウ	エ	オ

短期集中トレーニング
日商簿記３級　個別取引編

解答編

詳しい解説がこちらに用意してあります。

https://www.jikkyo.co.jp/d1/02/sho/21nb3kia

※Webページの使用に伴う通信料は自己負担となります。

実教出版

株式会社の取引 (p.1)

	借方科目	金額	貸方科目	金額
1	ウ（普通預金）	3,000,000	エ（資本金）	3,000,000
2	イ（当座預金）	1,000,000	エ（資本金）	1,000,000
3	カ（繰越利益剰余金）	440,000	ウ（未払配当金） オ（利益準備金）	400,000 40,000
4	エ（未払配当金）	500,000	イ（当座預金）	500,000
5	カ（損益）	710,000	オ（繰越利益剰余金）	710,000
6	オ（繰越利益剰余金）	190,000	カ（損益）	190,000
7	カ（損益）	604,000	オ（繰越利益剰余金）	604,000

※学習の都合上，仕訳問題について，記号と勘定科目を併記している。解答は記号だけでよい。以下同様とする。

現金預金に関する取引 (p.2)

	借方科目	金額	貸方科目	金額
1	ア（現金）	2,800	カ（現金過不足）	2,800
2	カ（現金過不足）	30,000	イ（受取手数料） エ（雑益）	27,000 3,000
3	エ（旅費交通費） オ（雑損）	50,000 1,000	イ（受取手数料） カ（現金過不足）	28,000 23,000
4	イ（普通預金）	250	オ（受取利息）	250
5	オ（通信費）	7,000	イ（普通預金）	7,000
6	イ（当座預金） エ（定期預金）	600,000 2,400,000	ウ（普通預金）	3,000,000
7	イ（当座預金） オ（支払手数料）	4,000,000 2,200	ウ（普通預金） ア（現金）	4,000,000 2,200
8	イ（当座預金甲銀行） ウ（当座預金乙銀行）	300,000 300,000	ア（現金）	600,000
9	ウ（普通預金B銀行）	900,000	イ（普通預金A銀行）	900,000
10	エ（仕入）	400,000	イ（当座預金）	400,000
11	ア（当座預金A銀行）	61,000	ウ（借入金）	61,000
12	イ（小口現金）	50,000	ウ（当座預金）	50,000
13	エ（旅費交通費） オ（消耗品費） カ（雑費）	3,000 2,000 1,000	イ（当座預金）	6,000
14	ウ（通信費） エ（旅費交通費） カ（雑費）	26,000 17,000 4,000	イ（当座預金）	47,000

商品売買，商品売買に関する債権・債務の取引 (p.4)

	借方科目	金額	貸方科目	金額
1	イ（売掛金） カ（発送費）	180,000 9,000	エ（売上） ア（現金）	180,000 9,000
2	オ（仕入）	305,000	ウ（買掛金） ア（現金）	300,000 5,000
3	オ（売上）	230,000	イ（売掛金）	230,000
4	エ（買掛金）	225,000	カ（仕入）	225,000
5	オ（仕入）	450,000	ウ（買掛金）	450,000
6	イ（売掛金） カ（発送費）	1,814,000 14,000	オ（売上） ア（現金）	1,814,000 14,000
7	エ（前受金） イ（売掛金）	400,000 600,000	オ（売上）	1,000,000
8	オ（仕入）	695,000	イ（前払金） ウ（買掛金） ア（現金）	70,000 610,000 15,000
9	エ（前受金） イ（売掛金） カ（発送費）	36,000 144,000 8,000	オ（売上） ウ（未払金）	180,000 8,000
10	エ（受取商品券） ウ（売掛金）	30,000 20,000	オ（売上）	50,000
11	ウ（クレジット売掛金） カ（支払手数料）	88,200 1,800	エ（売上）	90,000
12	ウ（買掛金）	60,000	イ（売掛金） ア（当座預金）	40,000 20,000
13	イ（当座預金） オ（支払手数料）	359,200 800	ウ（売掛金）	360,000
14	ウ（受取手形）	280,000	エ（売掛金）	280,000

	借方科目	金額	貸方科目	金額
15	エ（買掛金） カ（通信費）	400,000 620	ウ（支払手形） ア（現金）	400,000 620
16	イ（当座預金）	180,000	ウ（受取手形）	180,000
17	イ（当座預金）	700,000	エ（クレジット売掛金）	700,000
18	イ（当座預金）	601,400	エ（クレジット売掛金）	601,400
19	イ（電子記録債権）	300,000	ウ（売掛金）	300,000
20	オ（買掛金）	500,000	エ（電子記録債務）	500,000
21	イ（当座預金山梨銀行）	340,000	ウ（電子記録債権）	340,000
22	エ（電子記録債務）	190,000	イ（普通預金）	190,000
23	ウ（貸倒引当金） エ（貸倒損失）	70,000 240,000	イ（売掛金）	310,000
24	ア（現金） ウ（貸倒引当金）	80,000 70,000	イ（売掛金）	150,000
25	ウ（前受金） オ（貸倒損失）	300,000 600,000	ア（売掛金）	900,000
26	ア（普通預金）	170,000	カ（償却債権取立益）	170,000
27	エ（貸倒損失）	280,000	イ（売掛金）	280,000
28	オ（貸倒引当金繰入）	5,800	ウ（貸倒引当金）	5,800

その他の債権・債務に関する取引

(p.8)

	借方科目	金額	貸方科目	金額
1	イ（当座預金）	*305,400*	ウ（貸付金） エ（受取利息）	*300,000* *5,400*
2	ウ（借入金） カ（支払利息）	*2,920,000* *19,200*	ア（当座預金）	*2,939,200*
3	ウ（借入金） カ（支払利息）	*400,000* *4,800*	イ（普通預金）	*404,800*
4	ウ（借入金） カ（支払利息）	*3,400,000* *34,000*	ア（当座預金）	*3,434,000*
5	ウ（手形貸付金）	*500,000*	ア（普通預金） テ（受取利息）	*495,000* *5,000*
6	エ（手形借入金）	*900,000*	ア（当座預金）	*900,000*
7	エ（役員貸付金）	*4,500,000*	イ（当座預金）	*4,500,000*
8	ア（現金）	*620,000*	オ（役員借入金）	*620,000*
9	エ（未収入金）	*140,000*	イ（売掛金）	*140,000*
10	オ（通信費）	*5,200*	エ（未払金）	*5,200*
11	イ（従業員立替金）	*170,000*	ア（普通預金）	*170,000*
12	オ（給料）	*420,000*	エ（社会保険料預り金） ウ（所得税預り金） イ（当座預金）	*24,000* *18,000* *378,000*
13	オ（給料）	*1,400,000*	ウ（所得税預り金） エ（社会保険料預り金） イ（普通預金）	*104,000* *130,000* *1,166,000*
14	カ（給料）	*1,800,000*	エ（所得税預り金） オ（社会保険料預り金） ウ（従業員立替金） イ（普通預金）	*123,000* *153,000* *124,000* *1,400,000*
15	エ（社会保険料預り金） オ（法定福利費）	*40,000* *40,000*	イ（普通預金）	*80,000*
16	ウ（所得税預り金）	*72,000*	ア（現金）	*72,000*
17	イ（前払金）	*120,000*	ア（当座預金）	*120,000*
18	ア（現金）	*80,000*	オ（前受金）	*80,000*
19	オ（仕入）	*555,000*	イ（前払金） ウ（支払手形） ア（現金）	*100,000* *440,000* *15,000*
20	エ（前受金） イ（売掛金） カ（発送費）	*160,000* *230,000* *13,000*	オ（売上） ア（当座預金）	*390,000* *13,000*
21	カ（旅費交通費）	*80,000*	イ（仮払金） エ（未払金）	*60,000* *20,000*
22	ア（現金） カ（旅費交通費）	*107,000* *43,000*	ウ（仮払金） エ（前受金）	*50,000* *100,000*
23	ウ（仮払金）	*20,000*	ア（現金）	*20,000*
24	ア（当座預金）	*700,000*	カ（仮受金）	*700,000*
25	カ（仮受金）	*700,000*	イ（売掛金） オ（前受金）	*570,000* *130,000*
26	ア（現金）	*280,000*	エ（受取商品券）	*280,000*
27	エ（差入保証金） オ（支払手数料）	*640,000* *320,000*	イ（当座預金）	*960,000*
28	カ（修繕費） イ（当座預金）	*40,000* *220,000*	ウ（差入保証金）	*260,000*

有形固定資産に関する取引

(p.12)

	借方科目	金額	貸方科目	金額
1	ウ（備品） オ（消耗品費）	590,000 6,000	イ（普通預金）	596,000
2	ウ（備品）	755,000	イ（当座預金） オ（未払金）	350,000 405,000
3	ウ（建物） エ（土地）	2,060,000 6,180,000	イ（普通預金）	8,240,000
4	ウ（土地）	7,700,000	オ（未払金） ア（普通預金）	7,000,000 700,000
5	ウ（土地）	8,950,000	オ（未払金） ア（現金）	8,750,000 200,000
6	エ（土地）	250,000	ア（現金）	250,000
7	エ（車両運搬具減価償却累計額） イ（未収入金）	180,000 350,000	ウ（車両運搬具） オ（固定資産売却益）	500,000 30,000
8	エ（備品減価償却累計額） イ（未収入金） カ（固定資産売却損）	108,000 50,000 142,000	ウ（備品）	300,000
9	ウ（備品減価償却累計額） エ（減価償却費） ア（未収入金） カ（固定資産売却損）	360,000 30,000 90,000 120,000	イ（備品）	600,000
10	ア（現金）	4,200,000	ウ（土地） エ（固定資産売却益）	3,100,000 1,100,000
11	エ（租税公課）	430,000	ア（当座預金）	430,000
12	オ（修繕費）	90,000	ア（現金）	90,000
13	ウ（建物）	510,000	イ（当座預金）	510,000
14	ウ（建物） オ（修繕費）	24,000,000 6,000,000	イ（普通預金）	30,000,000

収益・費用に関する取引

(p.14)

	借方科目	金額	貸方科目	金額
1	イ（普通預金）	30,000	エ（受取地代）	30,000
2	ア（現金）	190,000	カ（償却債権取立益）	190,000
3	エ（旅費交通費） カ（消耗品費）	3,800 600	ウ（仮払金）	4,400
4	オ（旅費交通費） カ（消耗品費）	10,400 8,000	ウ（未払金）	18,400
5	エ（旅費交通費） ウ（仮払金）	40,000 10,000	イ（普通預金）	50,000
6	エ（社会保険料預り金） イ（従業員立替金） カ（法定福利費）	12,000 36,000 72,000	ア（現金）	120,000
7	ウ（広告宣伝費） オ（支払手数料）	25,000 800	イ（普通預金）	25,800
8	オ（租税公課）	396,000	ア（現金）	396,000
9	カ（諸会費）	9,000	ア（現金）	9,000
10	ウ（支払家賃） イ（通信費） オ（水道光熱費）	350,000 15,000 72,000	ア（普通預金）	437,000
11	カ（租税公課）	4,000	ウ（未払金）	4,000
12	イ（貯蔵品）	7,800	オ（租税公課） ウ（通信費）	7,000 800
13	カ（法定福利費）	57,000	エ（未払法定福利費）	57,000
14	オ（受取利息）	48,000	ウ（未収利息）	48,000

消費税，法人税・住民税・事業税に関する取引 (p.16)

	借方科目	金額	貸方科目	金額
1	カ（仕入） イ（仮払消費税）	200,000 20,000	ウ（買掛金）	220,000
2	ア（現金） イ（受取商品券）	200,000 130,000	カ（売上） オ（仮受消費税）	300,000 30,000
3	エ（仮受消費税）	30,000	イ（仮払消費税） オ（未払消費税）	20,000 10,000
4	オ（未払消費税）	10,000	ア（普通預金）	10,000
5	エ（仮受消費税）	70,000	イ（仮払消費税） オ（未払消費税）	40,000 30,000
6	エ（仮受消費税）	130,000	イ（仮払消費税） オ（未払消費税）	80,000 50,000
7	オ（未払消費税）	142,000	ア（普通預金）	142,000
8	カ（法人税等）	570,000	ウ（未払法人税等）	570,000
9	エ（未払法人税等）	830,000	ア（現金）	830,000
10	ウ（仮払法人税等）	610,000	ア（当座預金）	610,000
11	カ（法人税等）	240,000	イ（仮払法人税等） ウ（未払法人税等）	150,000 90,000
12	ウ（仮払法人税等）	1,290,000	ア（当座預金）	1,290,000
13	カ（法人税，住民税及び事業税）	960,000	イ（仮払法人税等） ウ（未払法人税等）	540,000 420,000
14	カ（法人税，住民税及び事業税）	5,640,000	イ（仮払法人税等） ウ（未払法人税等）	3,100,000 2,540,000

伝票，証ひょう (p.18)

		借方科目	金額	貸方科目	金額
1		イ（売掛金）	120,000	オ（売上）	120,000
2		カ（支払手数料） イ（差入保証金） オ（支払家賃）	30,000 240,000 60,000	ア（普通預金）	330,000
3		オ（旅費交通費）	26,000	ウ（仮払金） ア（現金）	20,000 6,000
4	12/11	イ（普通預金）	50,000	ア（現金）	50,000
	12/15	オ（水道光熱費）	18,000	イ（普通預金）	18,000
	12/18	エ（通信費）	2,600	イ（普通預金）	2,600
	12/21	オ（水道光熱費）	21,000	イ（普通預金）	21,000
	12/23	オ（水道光熱費）	9,000	イ（普通預金）	9,000
5	①	エ（売掛金）	770,000	ケ（売上） キ（仮受消費税）	700,000 70,000
	②	サ（仕入） オ（仮払消費税）	700,000 70,000	カ（買掛金）	770,000
	③	イ（普通預金）	770,000	エ（売掛金）	770,000
	④	カ（買掛金） シ（支払手数料）	770,000 800	ウ（当座預金）	770,800

勘定記入 (p.20)

1.

支払利息

日付	摘要	金額	日付	摘要	金額
9/30	エ	18,000	3/31	サ	48,000
3/31	エ	18,000			
〃	ク	12,000			
		48,000			48,000

未払利息

日付	摘要	金額	日付	摘要	金額
3/31	イ	12,000	3/31	コ	12,000
			4/1	ア	12,000

2.

(ウ)

日付	摘要	金額	日付	摘要	金額
3/31	イ	960,000	4/1	イ	320,000
〃	キ	1,820,000	8/1	当座預金	480,000
			9/1	当座預金	1,440,000
			2/1	当座預金	540,000
		2,780,000			2,780,000

(イ)

日付	摘要	金額	日付	摘要	金額
4/1	ウ	320,000	4/1	前期繰越	320,000
3/31	カ	960,000	3/31	ウ	960,000
		1,280,000			1,280,000

3.

(キ)

日付	摘要	金額	日付	摘要	金額
4/1	オ	21,000	3/31	オ	23,100
11/1	現金	39,600	〃	ウ	37,500
		60,600			60,600
4/1	オ	23,100			

(オ)

日付	摘要	金額	日付	摘要	金額
4/1	ア	21,000	4/1	キ	21,000
3/31	キ	23,100	3/31	イ	23,100
		44,100			44,100
4/1	ア	23,100	4/1	キ	23,100

〈参考〉摘要欄等を記入した場合

1.

支払利息

日付	摘要	金額	日付	摘要	金額
9/30	普通預金	18,000	3/31	損益	48,000
3/31	普通預金	18,000			
〃	未払利息	12,000			
		48,000			48,000

未払利息

日付	摘要	金額	日付	摘要	金額
3/31	次期繰越	12,000	3/31	支払利息	12,000
			4/1	前期繰越	12,000

2.

受取家賃

日付	摘要	金額	日付	摘要	金額
3/31	前受家賃	960,000	4/1	前受家賃	320,000
〃	損益	1,820,000	8/1	当座預金	480,000
			9/1	当座預金	1,440,000
			2/1	当座預金	540,000
		2,780,000			2,780,000

前受家賃

日付	摘要	金額	日付	摘要	金額
4/1	受取家賃	320,000	4/1	前期繰越	320,000
3/31	次期繰越	960,000	3/31	受取家賃	960,000
		1,280,000			1,280,000

3.

保険料

日付	摘要	金額	日付	摘要	金額
4/1	前払保険料	21,000	3/31	前払保険料	23,100
11/1	現金	39,600	〃	損益	37,500
		60,600			60,600
4/1	前払保険料	23,100			

前払保険料

日付	摘要	金額	日付	摘要	金額
4/1	前期繰越	21,000	4/1	保険料	21,000
3/31	保険料	23,100	3/31	次期繰越	23,100
		44,100			44,100
4/1	前期繰越	23,100	4/1	保険料	23,100

4．

総勘定元帳

買掛金

日付	摘要	金額	日付	摘要	金額
4/9	仕入	*13,000*	4/1	前月繰越	495,000
15	ウ	496,000	8	カ	*627,000*
22	仕入	*15,000*	21	カ	1,231,000
25	エ	*1,387,000*			
30	イ	442,000			
		2,353,000			*2,353,000*

買掛金元帳

鳥取商店

日付	摘要	金額	日付	摘要	金額
4/22	返品	*15,000*	4/1	ア	315,000
25	普通預金払い	1,387,000	21	仕入れ	*1,231,000*
30	イ	*144,000*			
		1,546,000			1,546,000

岡山商店

日付	摘要	金額	日付	摘要	金額
4/9	返品	*13,000*	4/1	ア	*180,000*
15	現金払い	*496,000*	8	仕入れ	627,000
30	イ	298,000			
		807,000			807,000

5．

主要簿

ア

売掛金

日付	摘要	金額	日付	摘要	金額
4/1	前月繰越	396,000	4/9	エ	*10,000*
7	エ	*624,000*	15	当座預金	*845,000*
20	エ	336,000	25	エ	*6,000*
			30	次月繰越	*495,000*
		1,356,000			*1,356,000*

補助簿

イ

香川商店

日付	摘要	金額	日付	摘要	金額
4/1	前月繰越	259,000	4/9	返品	10,000
7	売り上げ	624,000	15	回収	752,000
			30	次月繰越	*121,000*
		883,000			*883,000*

徳島商店

日付	摘要	金額	日付	摘要	金額
4/1	前月繰越	*137,000*	4/15	回収	*93,000*
20	売り上げ	*336,000*	25	返品	6,000
			30	次月繰越	374,000
		473,000			*473,000*

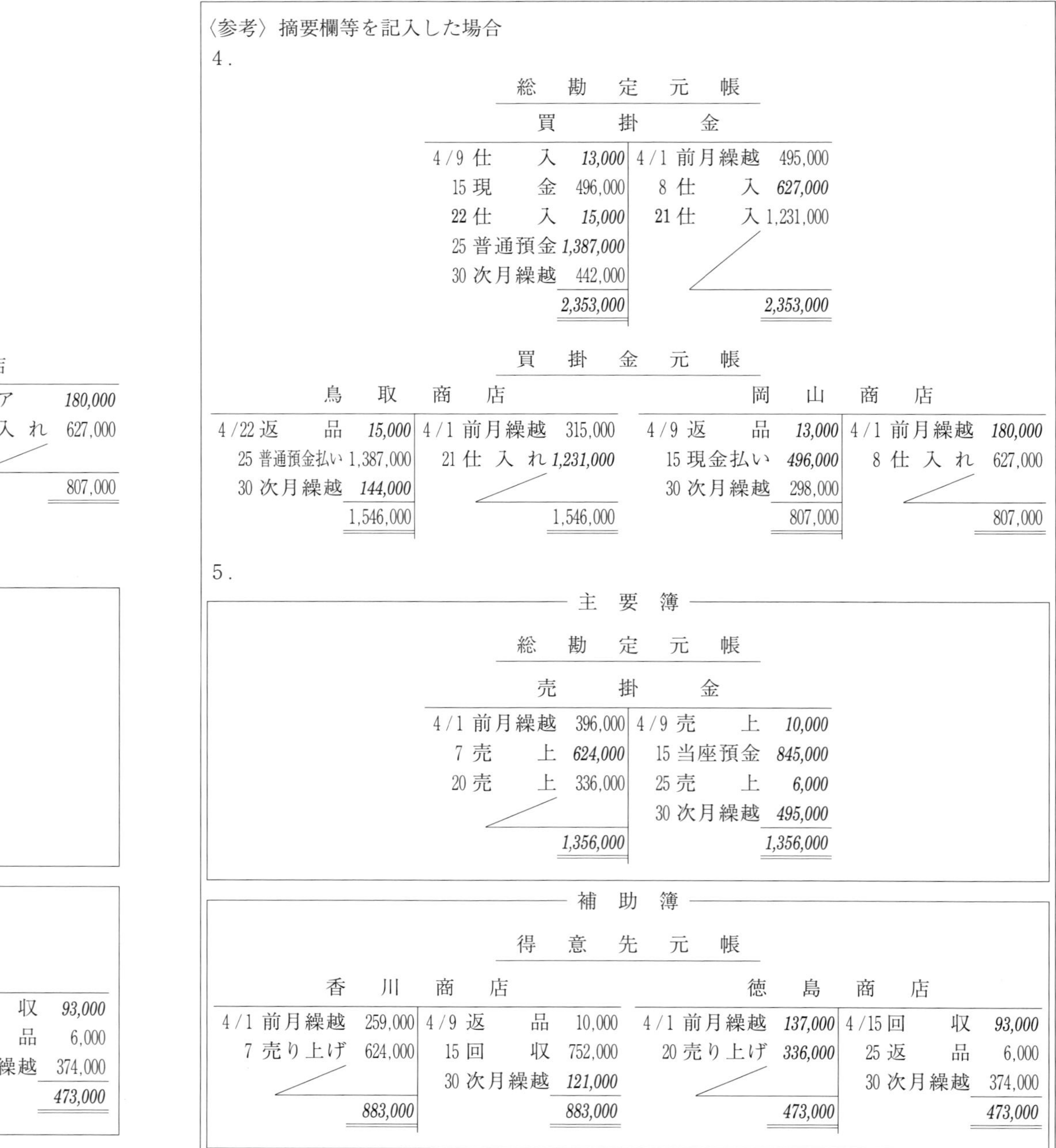

〈参考〉摘要欄等を記入した場合

4．

総勘定元帳

買掛金

日付	摘要	金額	日付	摘要	金額
4/9	仕入	*13,000*	4/1	前月繰越	495,000
15	現金	496,000	8	仕入	*627,000*
22	仕入	*15,000*	21	仕入	1,231,000
25	普通預金	*1,387,000*			
30	次月繰越	442,000			
		2,353,000			*2,353,000*

買掛金元帳

鳥取商店

日付	摘要	金額	日付	摘要	金額
4/22	返品	*15,000*	4/1	前月繰越	315,000
25	普通預金払い	1,387,000	21	仕入れ	*1,231,000*
30	次月繰越	*144,000*			
		1,546,000			1,546,000

岡山商店

日付	摘要	金額	日付	摘要	金額
4/9	返品	*13,000*	4/1	前月繰越	*180,000*
15	現金払い	*496,000*	8	仕入れ	627,000
30	次月繰越	298,000			
		807,000			807,000

5．

主要簿

総勘定元帳

売掛金

日付	摘要	金額	日付	摘要	金額
4/1	前月繰越	396,000	4/9	売上	*10,000*
7	売上	*624,000*	15	当座預金	*845,000*
20	売上	336,000	25	売上	*6,000*
			30	次月繰越	*495,000*
		1,356,000			*1,356,000*

補助簿

得意先元帳

香川商店

日付	摘要	金額	日付	摘要	金額
4/1	前月繰越	259,000	4/9	返品	10,000
7	売り上げ	624,000	15	回収	752,000
			30	次月繰越	*121,000*
		883,000			*883,000*

徳島商店

日付	摘要	金額	日付	摘要	金額
4/1	前月繰越	*137,000*	4/15	回収	*93,000*
20	売り上げ	*336,000*	25	返品	6,000
			30	次月繰越	374,000
		473,000			*473,000*

6.

備　　品

x8/4/1	ア	360,000	x9/3/31	イ	1,080,000
5/10	当座預金	720,000			
		1,080,000			1,080,000

備品減価償却累計額

x9/3/31	イ	386,400	x8/4/1	ア	84,800
			x9/3/31	オ	301,600
		386,400			386,400

7.

損　　益

3/31	仕　　入	3,400,000	3/31	売　　上	5,950,000
〃	給　　料	1,800,000	〃	受取手数料	150,000
〃	貸倒引当金繰入	6,000			
〃	減価償却費	135,000			
〃	水道光熱費	140,000			
〃	カ	619,000			
		6,100,000			6,100,000

資　本　金

3/31	イ	4,500,000	4/1	前期繰越	4,500,000

繰越利益剰余金

3/31	イ	659,000	4/1	前期繰越	40,000
			3/31	ウ	619,000
		659,000			659,000

8.

損　　益

3/31	仕　　入	1,900,000	3/31	売　　上	3,500,000
〃	給　　料	850,000	〃	受取手数料	100,000
〃	貸倒引当金繰入	50,000			
〃	減価償却費	300,000			
〃	コ	150,000			
〃	ケ	350,000			
		3,600,000			3,600,000

資　本　金

3/31	イ	2,400,000	4/1	前期繰越	1,500,000
			5/10	エ	900,000
		2,400,000			2,400,000

利　益　準　備　金

3/31	イ	240,000	4/1	前期繰越	200,000
			6/28	ケ	40,000
		240,000			240,000

繰越利益剰余金

6/28	サ	440,000	4/1	前期繰越	600,000
3/31	イ	510,000	3/31	ウ	350,000
		950,000			950,000

〈参考〉摘要欄を記入した場合

6.

備　　品

x8/4/1	前期繰越	360,000	x9/3/31	次期繰越	1,080,000
5/10	当座預金	720,000			
		1,080,000			1,080,000

備品減価償却累計額

x9/3/31	次期繰越	386,400	x8/4/1	前期繰越	84,800
			x9/3/31	減価償却費	301,600
		386,400			386,400

7.

損　　益

3/31	仕　　入	3,400,000	3/31	売　　上	5,950,000
〃	給　　料	1,800,000	〃	受取手数料	150,000
〃	貸倒引当金繰入	6,000			
〃	減価償却費	135,000			
〃	水道光熱費	140,000			
〃	繰越利益剰余金	619,000			
		6,100,000			6,100,000

資　本　金

3/31	次期繰越	4,500,000	4/1	前期繰越	4,500,000

繰越利益剰余金

3/31	次期繰越	659,000	4/1	前期繰越	40,000
			3/31	損　　益	619,000
		659,000			659,000

8.

損　　益

3/31	仕　　入	1,900,000	3/31	売　　上	3,500,000
〃	給　　料	850,000	〃	受取手数料	100,000
〃	貸倒引当金繰入	50,000			
〃	減価償却費	300,000			
〃	法人税等	150,000			
〃	繰越利益剰余金	350,000			
		3,600,000			3,600,000

資　本　金

3/31	次期繰越	2,400,000	4/1	前期繰越	1,500,000
			5/10	普通預金	900,000
		2,400,000			2,400,000

利　益　準　備　金

3/31	次期繰越	240,000	4/1	前期繰越	200,000
			6/28	繰越利益剰余金	40,000
		240,000			240,000

繰越利益剰余金

6/28	諸　　口	440,000	4/1	前期繰越	600,000
3/31	次期繰越	510,000	3/31	損　　益	350,000
		950,000			950,000

固定資産台帳 (p.24)

1．

年度	期首帳簿価額	当年度償却額	期末帳簿価額	期首減価償却累計額	期末減価償却累計額
×6年度	――	(¥ *160,000*)	(¥ *3,680,000*)	――	(¥ *160,000*)
×7年度	(¥ *3,680,000*)	(¥ *480,000*)	(¥ *3,200,000*)	(¥ *160,000*)	(¥ *640,000*)
×8年度	(¥ *3,200,000*)	(¥ *480,000*)	(¥ *2,720,000*)	(¥ *640,000*)	(¥ *1,120,000*)

固定資産売却（ ㊖・益 ）	¥ *220,000*

2．

固定資産台帳　　×7年3月31日現在

取得年月日	名称等	期末数量	耐用年数	期首(期中取得)取得原価	期首減価償却累計額	差引期首(期中取得)帳簿価額	当期減価償却費
備品							
×3年4月5日	備品X	3	5年	4,500,000	2,700,000	1,800,000	(*900,000*)
×5年9月3日	備品Y	4	6年	2,160,000	(*210,000*)	(*1,950,000*)	(*360,000*)
×6年6月7日	備品Z	1	8年	1,152,000	0	1,152,000	(*120,000*)
小計				7,812,000	(*2,910,000*)	(*4,902,000*)	(*1,380,000*)

備品

日付			摘要	借方	日付			摘要	貸方
×6	4	1	前期繰越	(*6,660,000*)	×7	3	31	次期繰越	(*7,812,000*)
	6	7	当座預金	(*1,152,000*)					
				(*7,812,000*)					(*7,812,000*)

備品減価償却累計額

日付			摘要	借方	日付			摘要	貸方
×7	3	31	次期繰越	(*4,290,000*)	×6	4	1	前期繰越	(*2,910,000*)
					×7	3	31	(エ(減価償却費))	(*1,380,000*)
				(*4,290,000*)					(*4,290,000*)

※学習の都合上，摘要欄について，記号と語句を併記している。解答は記号だけでよい。

帳簿の読み取り (p.25)

取引日		借方科目	金額	貸方科目	金額
5	6	ウ（売掛金）	*100,000*	カ（売上）	*100,000*
		ク（発送費）	*4,000*	ア（現金）	*4,000*
	12	ア（現金）	*10,000*	カ（売上）	*10,000*
	25	オ（買掛金）	*8,000*	キ（仕入）	*5,000*
				ア（現金）	*3,000*
	31	イ（現金過不足）	*7,000*	ア（現金）	*7,000*

商品有高帳

(p.26)

1.

商　品　有　高　帳

先入先出法　　A　商　品　　単位：個

×2年		摘要	受入 数量	受入 単価	受入 金額	払出 数量	払出 単価	払出 金額	残高 数量	残高 単価	残高 金額
3	1	ア(前月繰越)	100	820	82,000				100	820	82,000
	6	オ(仕　入)	200	850	170,000				{100	820	82,000
									200	850	170,000
	8	カ(仕入返品)				50	850	42,500	{100	820	82,000
									150	850	127,500
	10	ウ(売　上)				{100	820	82,000			
						110	850	93,500	40	850	34,000
	21	オ(仕　入)	80	805	64,400				{40	850	34,000
									80	805	64,400
	25	ウ(売　上)				{40	850	34,000			
						60	805	48,300	20	805	16,100

純売上高	売上原価	売上総利益
¥ 372,000	¥ 257,800	¥ 114,200

2.

(1)

商　品　有　高　帳

移動平均法　　B　商　品　　単位：個

×3年		摘要	受入 数量	受入 単価	受入 金額	払出 数量	払出 単価	払出 金額	残高 数量	残高 単価	残高 金額
5	1	前月繰越	100	600	60,000				100	600	60,000
	4	売上				60	600	36,000	40	600	24,000
	6	売上返品	10	600	6,000				50	600	30,000
	10	仕入	200	650	130,000				250	640	160,000
	21	売上				180	640	115,200	70	640	44,800

(2)	(3)
¥ 145,200	¥ 45,500

3.

商　品　有　高　帳

移動平均法　　C　　品　　単位：個

×2年		摘要	受入 数量	受入 単価	受入 金額	払出 数量	払出 単価	払出 金額	残高 数量	残高 単価	残高 金額
7	1	前月繰越	200	500	100,000				200	500	100,000
	6	キ(仕　入)	400	560	224,000				600	540	324,000
	10	ク(仕入返品)				100	560	56,000	500	536	268,000
	13	オ(売　上)				200	536	107,200	300	536	160,800
	21	キ(仕　入)	500	600	300,000				800	576	460,800
	26	オ(売　上)				750	576	432,000	50	576	28,800
	27	カ(売上返品)	50	576	28,800				100	576	57,600
	31	次月繰越				100	576	57,600			
			1,150		652,800	1,150		652,800			

※学習の都合上，摘要欄について，記号と語句を併記している。解答は記号だけでよい。

3 伝票の記入

(p.28)

1.

(1)

出金伝票	
科目	金額
(オ(買掛金))	(*20,000*)

振替伝票			
借方科目	金額	貸方科目	金額
(キ(仕　入))	320,000	(オ(買掛金))	320,000

(2)

入金伝票	
科目	金額
売　　上	(*40,000*)

振替伝票			
借方科目	金額	貸方科目	金額
売　掛　金	(*500,000*)	(カ(売　上))	(*500,000*)

2.

(1)

入金伝票	
科目	金額
(カ(売　上))	(*600,000*)

振替伝票			
借方科目	金額	貸方科目	金額
(イ(受取手形))	200,000	(カ(売　上))	200,000

(2)

出金伝票	
科目	金額
(　　)	(　　)

振替伝票			
借方科目	金額	貸方科目	金額
(ク(旅費交通費))	(*6,000*)	(エ(仮払金))	(*6,000*)

3.

(1)

(カ(入金))伝票	
科目	金額
(イ(売掛金))	(*80,000*)

振替伝票			
借方科目	金額	貸方科目	金額
(イ(売掛金))	300,000	売　　上	300,000

(2)

(キ(出金))伝票	
科目	金額
仕　　入	(*50,000*)

振替伝票			
借方科目	金額	貸方科目	金額
(オ(仕　入))	(*150,000*)	(ウ(買掛金))	(*150,000*)

4.

(1)

(ク(出金))伝票	
科目	金額
買　掛　金	(*100,000*)

振替伝票			
借方科目	金額	貸方科目	金額
(オ(仕　入))	(*500,000*)	(ウ(買掛金))	(*500,000*)

(2)

(ク(出金))伝票	
科目	金額
(カ(発送費))	(*3,000*)

振替伝票			
借方科目	金額	貸方科目	金額
(イ(売掛金))	(*600,000*)	(エ(売　上))	(*600,000*)

※学習の都合上，(　　　)ついて，記号と語句を併記している。解答は記号だけでよい。

仕訳日計表 (p.30)

1.

(1)

仕 訳 日 計 表

令和×2年10月1日

借 方	勘定科目	貸 方
94,000	現 金	*30,000*
80,000	売 掛 金	
	買 掛 金	*40,000*
	売 上	*150,000*
	受取手数料	*24,000*
70,000	仕 入	
244,000		*244,000*

(2) ¥ (*50,000*)

2.

(1)

仕 訳 日 計 表

令和×2年9月1日

借 方	勘定科目	貸 方
80,000	現 金	*48,000*
32,000	受取手形	
90,000	売 掛 金	*82,000*
42,000	買 掛 金	*48,000*
	売 上	*120,000*
48,000	仕 入	
6,000	水道光熱費	
298,000		*298,000*

総 勘 定 元 帳

現 金

借方	貸方
×2/9/1 前月繰越 64,000	×2/9/1 仕訳日計表(*48,000*)
〃 仕訳日計表(*80,000*)	

(2) ¥ (*70,000*)

補助簿の選択 (p.31)

1.

日付＼補助簿	現金出納帳	当座預金出納帳	商品有高帳	売掛金元帳(得意先元帳)	買掛金元帳(仕入先元帳)	仕入帳	売上帳	固定資産台帳
3日			○		○	○		
8日	○	○						○
12日	○		○	○			○	
27日				○				

2.

日付＼補助簿	現金出納帳	当座預金出納帳	商品有高帳	売掛金元帳(得意先元帳)	買掛金元帳(仕入先元帳)	仕入帳	売上帳	固定資産台帳	該当なし
4日		○	○	○			○		
9日		○						○	
12日			○		○	○			
31日①		○							
31日②									○

文章の穴埋め

(p.32)

1.

ア	イ	ウ	エ	オ	カ
⑰	⑫	⑤	⑯	⑥	⑱

2.

ア	イ	ウ	エ	オ
⑦	⑨	④	⑩	⑧

3.

ア	イ	ウ	エ	オ
②	④	⑦	⑨	⑧

23(2)